Une France pluriculturelle

Salvator Erba

Une France pluriculturelle

Le débat sur l'intégration
et les discriminations

Librio

Inédit

© E.J.L., 2007

Sommaire

Introduction

Au cours de la flambée de violence qui a touchée les banlieues françaises en novembre 2005, les médias étrangers stigmatisent l'échec de l'« intégration à la française » : CNN évoquait des risques de « guerre civile ». La presse algérienne n'est pas en reste : « La France est en train de faire face aux conséquences d'une gestion catastrophique de trois générations d'immigration [...] qui ont connu la marginalité et le racisme le plus primaire », écrivait ainsi le quotidien *La Nouvelle République*. Non sans ironie, le quotidien italien, *Il Corriere della Sera*, fait remarquer que ces émeutes se produisent à quelques kilomètres du Stade de France, lieu emblématique de la victoire au Mondial de 1998 et symbole de la France « black-blanc-beur ». Pour la presse anglaise, ces émeutes « obligent tout simplement le gouvernement à admettre son échec à intégrer une large partie de la communauté immigrée » (*The Times*), alors que *The Guardian* prophétise que « la France devra un jour ou l'autre en venir à des mesures comme la discrimination positive ».

Ces événements ont ainsi singulièrement renforcé le diagnostic de crise de l'intégration à la française, régulièrement dressé au cours de ces vingt dernières années, sur fond de crises récurrentes des banlieues, de chômage de masse, notamment des jeunes issus de l'immigration, d'immigration non maîtrisée, ou encore de dérives communautaristes dont l'affaire du voile islamique aurait été le symbole.

Devenue pluriculturelle et pluriethnique, la France ne saurait plus faire aujourd'hui ce qu'elle aurait si magistralement, et sans coup férir, su faire dans le passé. La belle épopée républicaine de l'intégration étant achevée, il faudrait donc changer de modèle, et s'inspirer, naturellement, des pratiques efficaces que l'on peut observer dans les sociétés polyethniques comme les États-Unis, en important la pratique des discriminations positives.

La réalité semble plus complexe. Si le silence français sur l'immigration a pu participer de l'intégration à la française, l'histoire nous révèle néanmoins que celle-ci n'a jamais été un long fleuve tranquille, quelle qu'ait pu être l'appartenance nationale, religieuse, ethnique ou raciale des populations accueillies. Elle a pourtant fonctionné, et donne toujours des signes de vigueur, pour peu que l'on sache accepter que le temps et le passage des générations sont un facteur à prendre en compte.

L'intégration est néanmoins menacée par la persistance, sinon le développement, de discriminations qui jettent un doute sérieux sur la capacité de la République à assurer l'égalité des chances. L'urgence est donc à la confortation de l'intégration républicaine par une politique de lutte contre les discriminations, résolue, sans complaisance et partagée par tous, qui permettra de faire l'économie de l'aventure dangereuse d'une « *affirmative action* » à la française.

I

L'immigration, une histoire bien française

L'immigration constitue un des paradoxes français les plus étonnants. Alors qu'environ le tiers de la population française en est issu, la France demeure encore largement un « pays d'immigration qui s'ignore » (Dominique Schnapper)[1], celle-ci ne constituant un objet d'étude que depuis une vingtaine d'années. Or, encore largement méconnue, l'immigration s'est néanmoins installée au cœur du débat politique.

La définition même de l'immigré n'est pas toujours bien comprise et elle est souvent confondue avec celle d'étranger : selon la définition adoptée par le Haut Conseil à l'intégration, la population immigrée est composée des personnes de nationalité étrangère nées à l'étranger et résidant en France, des Français et Françaises par acquisition nés hors de France.

Selon cette définition, inspirée des travaux de la démographe à l'INED, Michèle Tribalat, tous les étrangers vivant en France ne sont pas des immigrés (on peut être étranger né en France) et tous les immigrés ne sont pas de nationalité étrangère (puisqu'on peut acquérir la nationalité française). De la même façon, on peut être né à l'étranger et vivre en France sans être immigré, si la nationalité de naissance est française. Pour être immigré, il faut donc être né étranger à l'étranger, vivre en France, que l'on ait acquis ou pas la nationalité française. Les enfants nés en France de parents immigrés ne font pas partie de la population immigrée.

La définition conventionnelle de la population immigrée se réfère donc à une caractéristique constante : la qualité

---

1. *In* « La France de l'intégration – Sociologie de la nation en 1990 », Paris, Gallimard, 1991.

d'immigré est permanente, un individu continue à appartenir à la population immigrée même s'il devient français par acquisition. Elle est conventionnelle, à des fins d'étude, et ne revêt aucune portée juridique, à la différence de la nationalité.

1. L'immigration, un objet d'étude récent

L'étude de l'immigration sous l'angle historique s'est inscrite en France dans un contexte peu favorable. En effet, la tradition historique française a non seulement privilégié l'étude de la constitution du territoire national au détriment de l'étude des populations, mais en outre, au nom de ses choix méthodologiques, elle a longtemps privilégié les études archéologiques et les écrits, en négligeant la mémoire et les archives orales.

L'immigration n'est ainsi réellement apparue comme un sujet d'étude historique que dans les années 1980, à la faveur de l'évolution du contexte politique. C'est en effet à l'époque où Jean-Marie Le Pen et son parti, le Front national, connaissent une percée électorale et médiatique, que le thème de l'immigration va durablement s'installer dans le paysage politique français.

Plus généralement, comme le souligne Patrick Simon[1], l'immigration a longtemps été méprisée comme objet d'étude, sans doute par reproduction dans le domaine de la pensée et des études scientifiques des réflexes universalistes français, l'immigré en sciences sociales ayant d'abord été abordé sous le seul angle économique du « travailleur » (1950-1960), puis sous l'angle anthropologique de « l'habitant de grands ensembles à rénover » (1970), en tout état de cause toujours comme composante d'un paysage dont il n'est qu'un élément.

Depuis, sans participer d'une discipline autonome à l'image des « *etnic and racial studies* » de la science américaine ou anglaise, l'histoire de l'immigration en France s'est néanmoins inscrite dans des échanges interdisciplinaires, avec la sociologie, l'anthropologie, la démographie, la géographie, les sciences politiques et l'étude des relations internationales.

---

1. « La société française : un état de la recherche. Immigration et société multiculturelle », *in* « Comprendre la société », *Cahiers français*, n° 326, mai-juin 2005.

2. Un phénomène ni récent, ni homogène, ni plus intense aujourd'hui qu'hier, aux origines multiples

Sans même remonter jusqu'au brassage des peuples en Gaule décrit dans *La Mosaïque France*[1], le territoire français, jouissant d'une position géographique privilégiée et de la richesse de ses terroirs, a connu différentes vagues migratoires, comme en témoignent l'installation des Francs entre la Meuse et l'Escaut entamée en 358, les infiltrations successives de Germains à partir du ve siècle, la fondation d'un royaume wisigoth en Aquitaine en 418, l'installation des Burgondes dans les vallées de la Saône et du Rhône au cours de la deuxième moitié du ve siècle, l'implantation des Bretons en Armorique après avoir été chassés de Grande-Bretagne par les Anglo-Saxons, puis des Normands aux embouchures de la Seine et de la Loire au ixe siècle.

Sous l'Ancien Régime, ces apports migratoires ont contribué à faire de la France le pays le plus peuplé d'Europe, dans un contexte plus global où l'émergence du capitalisme moderne tend à renforcer les phénomènes migratoires. L'historien Immanuel Wallerstein a ainsi montré que le phénomène d'immigration à destination des pays capitalistes s'inscrit dans un cycle commencé au xvie siècle.

Ainsi, de la fin de l'Empire romain d'Occident à la Révolution française, le territoire français est particulièrement accueillant à l'égard des immigrants, tendance qui se confirme nettement au cours des xixe et xxe siècles.

RÉVOLUTION INDUSTRIELLE ET FLUX MIGRATOIRES AU XIXe SIÈCLE, OU L'APPARITION DE L'APPROCHE MODERNE DE L'IMMIGRATION

Le xixe siècle emporte néanmoins une rupture puisque la France devient, contrairement à la majeure partie des autres pays européens, un pays d'immigration, caractérisé par une faible vitalité démographique. Au-delà des pertes directes, les guerres napoléoniennes, marquant durablement les esprits, contribuent en effet à une baisse de la natalité. Ainsi, longtemps nation la plus peuplée d'Europe, la France a vu sa population passer de 36 à 39 millions d'habitants entre 1870 et 1910, alors que celle de l'Allemagne, au cours de la même période, augmentait de 41 à

---

1. *La Mosaïque France. Histoire des étrangers et de l'immigration en France*, Yves Lequin (dir.), Larousse, Paris, 1988.

67 millions. De 1850 à 1900, tandis que le reste de l'Europe triple quasiment sa population, celle de la France n'augmente plus.

Méconnue, la première immigration économique du XIXᵉ siècle est allemande, essentiellement composée de paysans – touchés par la crise de l'agriculture allemande –, ainsi que d'artisans et de compagnons. En 1820, 30 000 Allemands résident en France ; en 1848, leur nombre est estimé à six fois plus, dont 60 000 pour la seule ville de Paris.

L'industrialisation, dans le contexte démographique français, s'accompagne ainsi d'un recours à la main-d'œuvre étrangère, d'autant plus stimulé que l'exode rural est en France plus faible qu'ailleurs (compte tenu de l'attachement à la terre de paysans dont nombre d'entre eux sont devenus propriétaires à la faveur de la Révolution) et que les industriels auront à cœur de mobiliser une main-d'œuvre moins exigeante que les ouvriers français à qui les Révolutions de 1830 et 1848 auront reconnu quelques droits, offrant en outre l'avantage de ne pas quitter l'usine lors des travaux agricoles saisonniers.

Ce mouvement s'amplifie ensuite à la faveur, notamment, de l'expansion économique que connaît le Second Empire. Ainsi, entre 1851 et 1876, la population étrangère a presque doublé, passant de 378 000 à 655 000 personnes. Au cours de cette deuxième partie du XIXᵉ siècle, la première vague d'immigration significative est celle des Belges, qui viennent essentiellement travailler dans les filatures et les mines du Nord et du Pas-de-Calais. Entre 1851 et 1886, le nombre de Belges passe de 128 000 à 482 000. Quant aux Italiens, ils voient leur nombre passer de 63 000 en 1851 à 285 000 en 1891, et gagnent peu à peu tout le pays à partir du sud-est, au gré des besoins de l'industrie et de l'agriculture.

La population étrangère en France continue de croître. En 1911, elle atteint 1 127 000 personnes, soit 3 % de la population totale, dont 419 000 Italiens, apport dont la croissance aura été la plus spectaculaire au cours de cette période.

DEUX GUERRES MONDIALES, UNE CONSTANTE :
RECONSTRUIRE LA FRANCE

La Première Guerre mondiale accentue considérablement ce phénomène. De 1915 à 1918, par le biais du minis-

12

tère de l'Armement, 440 000 étrangers sont recrutés pour soutenir l'économie de guerre, au sein desquels on recensera 140 000 travailleurs chinois.

Encore plus marquant, pour la première fois, la France va massivement recourir à son empire colonial : plus de 600 000 personnes (dont 172 000 Algériens, ainsi que 160 000 tirailleurs sénégalais composant la fameuse « Force noire »), vont converger vers la métropole, et si les deux tiers d'entre elles seront mobilisées au front, un tiers répondront aux besoins de l'industrie et de l'agriculture.

Accentué par les pertes humaines liées à la Première Guerre mondiale (1 300 000 morts), le difficile accès à la main-d'œuvre lié à la faiblesse démographique française [1] implique de faire appel, de 1919 à 1931, à plus de un million et demi de travailleurs étrangers, lesquels ont ainsi pu contribuer au net redressement d'une économie ruinée par la guerre.

Organisé par l'État, mais surtout par les acteurs économiques eux-mêmes [2], cette immigration, au cours de cette période, étend ses aires de recrutement. Le recensement de 1931 révèle en effet une diversification des origines des populations immigrées, bien que les Italiens demeurent la première nationalité représentée, alors que la présence des Polonais se massifie (de 45 800 en 1921, ils seront 309 300 en 1926 et 507 800 en 1931) :

Italiens	808 000
Polonais	507 800
Espagnols	351 900
Belges	253 000
Europe méditerranéenne	100 000
Suisses	98 500
Russes	71 900

1. En 1921, la France a moins d'habitants qu'en 1911, alors qu'elle a rétabli sa souveraineté sur trois départements de l'Est, sa population active ayant chuté de 10 %.
2. Avec l'inclusion d'un article sur l'immigration polonaise dans le Traité de Versailles, la signature d'un traité en 1919 avec l'Italie organisant l'entrée et l'emploi des Italiens en France, la création en 1924 de la Société générale d'immigration associant l'État, le comité des houillères et les agriculteurs du nord-est, laquelle disposait d'un monopole théorique de recrutement.

Britanniques	47 400
Tchèques	47 400
Europe centrale et orientale	44 300
Turcs	36 100
Allemands	30 700
Autres	175 500

Sources : Recensement de 1931

Ainsi, entre les deux guerres mondiales, dans un contexte marqué par l'établissement d'une politique d'immigration plus restrictive aux États-Unis, la France devient le premier pays d'immigration au monde, devant les États-Unis : au cours des années 1920, la moyenne annuelle d'entrée est de 300 000, la population étrangère doublant quasiment entre 1921 et 1931, pour s'établir à 6,6 % du total.

En 1945, dès la fin de la guerre, le gouvernement tente d'organiser l'immigration choisie. L'État est en effet confronté à un sérieux problème de main-d'œuvre, essentiellement imputable à l'impact démographique de la Seconde Guerre mondiale, alors que la France est en pleine reconstruction. « La France manque de bras » indique alors le chef du gouvernement provisoire, le général de Gaulle, qui promeut, dans un discours du 3 mars 1945, la nécessité d'« introduire au cours des prochaines années, avec méthode et intelligence, de bons éléments d'intégration dans la collectivité française »[1]. Il est question de faire entrer un million et demi d'immigrants sur cinq ans.

Pour organiser et maîtriser les flux migratoires, l'État se dote d'une administration spécifique qui dispose du monopole du recrutement et de l'introduction de la main-d'œuvre étrangère, l'Office national de l'immigration (ONI) créé par l'ordonnance du 2 novembre 1945. C'est donc à l'Office qu'il revenait de distribuer les contrats, de procéder à l'acheminement des migrants et à leur contrôle sanitaire. Des bureaux de recrutement sont installés, en Italie, en Espagne, ainsi qu'en territoire allemand occupé.

L'ONI va alors tenter d'organiser et de réguler les apports de main-d'œuvre en fonction des besoins de l'économie, en s'appuyant sur la possibilité désormais offerte d'octroyer des cartes de séjour de durée différente (1, 3 et 10 ans). Les

---

1. Charles de Gaulle, *Discours et messages*, Plon, Paris, 1970, p. 530.

travailleurs d'origine européenne sont privilégiés, alors que l'immigration des familles, souhaitée dans une optique démographique, est favorisée.

Mais l'ONI est concurrencé d'un côté par les circuits clandestins de recrutement auxquels les employeurs, peu enclins aux nouvelles formalités administratives, continuent à recourir, et d'un autre côté par les autres pays recruteurs (Suisse, Grande-Bretagne, Belgique, Allemagne). Il sera débordé par l'arrivée massive de citoyens français en provenance des départements d'Algérie, qui, depuis l'instauration de la libre circulation entre le territoire algérien et la métropole, peuvent franchir la Méditerranée sans formalité particulière. Entre 1947 et 1950, 320 000 Algériens arrivent en métropole. Ils sont quasiment deux fois plus nombreux que les travailleurs étrangers que l'ONI aura au cours de la même période fait venir en France. Cette tendance ne se démentira pas : les Français musulmans d'Algérie représentent, à la veille de l'indépendance algérienne, la troisième communauté « immigrée » par le nombre, après les Italiens et les Espagnols. En 1960, pour la première fois, les flux d'origine coloniale sont supérieurs aux flux d'origine européenne.

Or, comme le souligne le professeur Daniel Lefeuvre[1], contrairement à ce que l'on pourrait supposer, cet afflux est moins imputable aux besoins de l'économie française (en 1953, plus de la moitié des 220 000 Français musulmans d'Algérie présents en métropole sont sans emploi) qu'à la crise économique et sociale qui frappe l'Algérie. Le chômage touche le quart de la population en âge de travailler, alors que les deux tiers de la population ne disposent pas du minimum vital. Soucieux de ne pas rajouter aux tensions politiques, les pouvoirs publics adaptent leur stratégie : dès 1947, l'arrivée des travailleurs européens est limitée, au profit de l'accès à l'emploi des travailleurs français musulmans d'Algérie, qui, pour l'essentiel, viennent pour des séjours provisoires, repartent et se remplacent continuellement, maintenant ainsi le lien avec le pays et leur famille.

Pour autant, si officiellement le gouvernement privilégie les travailleurs algériens, il incite néanmoins officieusement l'immigration d'origine européenne, notamment portugaise et espagnole, en octroyant très facilement des titres de

---

1. « 1945, la France organise l'immigration choisie », in *Enjeux-Les Échos*, n° 227, septembre 2006.

séjour temporaires, puis en régularisant massivement les travailleurs clandestins. Les besoins de main-d'œuvre sont en effet toujours aussi importants, et il convient de relancer la politique d'immigration : entre 1956 et 1961, le solde migratoire s'établit à 1 100 000 personnes, soit environ 180 000 entrants par an en moyenne, échappant en très grande partie à l'ONI, qui se contente d'opérer des dizaines de milliers de régularisations.

Au cours des années 1960, l'immigration poursuit sa diversification, dans un contexte politique propice. Georges Pompidou, alors Premier ministre, déclare devant l'Assemblée nationale en 1963 : « L'immigration est un moyen de créer une certaine détente sur le marché de l'emploi et de résister à la pression sociale. » Quelques années plus tard, même l'immigration clandestine trouve un écho favorable au sommet de l'État, comme semble l'indiquer M. Jeanneney, qui précise en 1966 que « l'immigration clandestine elle-même n'est pas inutile car, si l'on s'en tenait à l'application stricte des règlements et accords internationaux, nous manquerions peut-être de main-d'œuvre ».

Dans ce contexte, l'origine des populations migrantes évolue : l'immigration italienne décline au profit de l'immigration espagnole, en particulier après l'accord franco-espagnol de 1961, mais surtout au profit d'une immigration portugaise en pleine expansion après l'accord franco-portugais de 1963, ainsi qu'au profit de l'immigration yougoslave et turque, sur le fondement d'accords tous deux signés en 1965. On assiste également à la poursuite du fort développement de l'immigration algérienne, que l'indépendance ne tarit pas, à une reprise importante de l'immigration marocaine après l'accord de 1963 et au développement de l'immigration tunisienne, ainsi qu'au début de l'immigration africaine sub-saharienne à partir de 1964.

Le tournant de 1974

À partir de 1974, dans le contexte de crise économique, comme dans les années 1880-90 et 1930, un renversement de la politique d'immigration est opéré : le gouvernement français suspend l'immigration de travailleurs extracommunautaires non qualifiés et n'autorise que l'asile politique et le regroupement familial, ce qui a pour conséquence d'augmenter la part d'immigration féminine et de mettre fin au système des migrations tournantes.

Le 5 juillet 1974, sur proposition d'André Postel-Vinay, nommé à la tête du secrétariat d'État aux travailleurs immigrés créé le 7 juin, le gouvernement français décide de suspendre l'immigration des travailleurs et des familles, sauf pour les ressortissants de la Communauté européenne. Depuis ce qui est considéré comme « le tournant de 1974 », la politique vis-à-vis des étrangers combine – avec plus ou moins de rigueur – aides au retour, restriction des conditions d'entrée et de séjour en France des étrangers, à laquelle sera toutefois associée une politique de regroupement familial, lutte contre l'immigration et le travail clandestins, mais également régularisation massive d'immigrés en situation irrégulière.

Ainsi, en 1977, comme en 1934, est mis en place une aide au retour volontaire, sous la forme d'une prime de 10 000 francs, dit « million Stoléru ». En 1978, comme dans les années 1930, un mécanisme de retours organisés et forcés d'une partie de la main-d'œuvre étrangère installée jusque-là régulièrement, et parfois depuis longtemps en France, est mis en œuvre. L'objectif affiché est le retour de 500 000 étrangers. Les États du Maghreb, notamment l'Algérie, sont particulièrement visés par ces mesures étalées sur cinq ans. Si cette mesure est supprimée en 1981, elle réapparaît ensuite sous la forme d'une aide à la réinsertion des travailleurs étrangers dans leur pays d'origine.

Par ailleurs, depuis la loi du 10 janvier 1980 dite loi Bonnet relative à la prévention de l'immigration clandestine et portant modification de l'ordonnance du 2 novembre 1945 relative aux conditions d'entrée et de séjour en France, ce n'est pas moins d'une quinzaine de textes législatifs qui modifient les conditions d'entrée et de séjour des étrangers en France, dans un sens globalement restrictif.

Pour autant, en dépit de l'ensemble des mesures restrictives mises en place, les pouvoirs publics devront néanmoins procéder au cours de cette période à des régularisations massives d'immigrés en situation illégale : 131 000 personnes en 1981-1982, 80 000 régularisations de sans-papiers de 1997-1999, quelques milliers en 2006.

En trente ans, bien que la part des étrangers dans la population française soit demeurée stable, les flux migratoires se sont néanmoins diversifiés, tant dans les origines géographiques de l'immigration que dans les motivations des immigrants, plus essentiellement fondées sur le travail.

Durant ces trois dernières décennies, les migrations se sont caractérisées par l'arrivée de nombreuses personnes originaires de pays peu concernés, jusqu'alors, par l'émigration vers la France. Turcs, personnes issues d'Afrique sub-saharienne (Ivoiriens, Camerounais, Congolais, Maliens, Sénégalais), mais également des pays riches de l'Espace économique européen (ressortissants communautaires, notamment des Britanniques, Norvégiens, Islandais). Des ressortissants des pays d'Europe centrale, orientale et balkanique, des populations originaires du Sud-Est asiatique (Chine, mais également Hong-Kong, Taïwan, Malaisie, Singapour, Thaïlande) ont ainsi participé de la tendance séculaire à l'élargissement des aires de recrutement.

LA FRANCE, UNE TERRE D'ASILE CONFIRMÉE

L'immigration sur le territoire français, c'est aussi une histoire de réfugiés, entamée dès le XVe siècle : Juifs d'Espagne fuyant l'Inquisition espagnole, démocrates allemands au XIXe siècle se soustrayant à la censure et à l'autoritarisme de Metternich et de Frédéric-Guillaume de Prusse, Polonais échappant à la répression tsariste après l'échec de la guerre d'indépendance, Juifs d'Europe centrale et orientale chassés par les pogroms de la fin du XIXe siècle[1], Russes blancs chassés par la Révolution bolchevique, Arméniens fuyant le génocide perpétré par l'Empire ottoman, antifascistes italiens s'exilant pendant les années 1920-1930, Juifs d'Allemagne et d'Europe centrale fuyant le nazisme, tous ont pu trouver asile en France, certes dans des conditions d'accueil variables. Lors de la guerre d'Espagne, en 1939, non sans avoir tergiversé, le gouvernement français ouvre les frontières à 500 000 Espagnols fuyant la victoire du franquisme.

Depuis, ni les bouleversements politiques comme la victoire de Pinochet au Chili, ou encore la chute de Saigon en 1975, générant l'arrivée massive des boat people vietnamiens, laotiens et cambodgiens, ni, dans les années 1980, les conflits en Afrique (Angola, Zaïre, Ghana et Mali), puis au Sri Lanka, en Haïti ou encore dans les Balkans et au Proche- et au Moyen-Orient, n'amèneront à une remise en

---

1. De 1876 à 1901, environ 7 000 Juifs d'Europe orientale émigrent en France. Au total ils seront 30 000 jusqu'en 1914, révélant l'attrait de la France, que résume bien ce dicton yiddish : « Lebn vi Got in Frankraykh » (« Vivre comme Dieu en France »).

cause de l'asile devenu un droit, bien que ses conditions d'exercice aient pu évoluer.

Le flux des demandeurs d'asile a ainsi fortement progressé au cours des années 1980, passant de 19 770 en 1981 à 61 372 en 1989, puis a baissé de 1989 à 1996 (17 405), pour remonter progressivement (47 291 en 2001).

4,5 MILLIONS D'IMMIGRÉS EN FRANCE

Selon le recensement de 1999, la France comptait 4 310 000 immigrés, soit 7,4 % de la population, part relativement stable depuis 1975, comparable à celle du début des années 1930. La moitié d'entre eux sont installés depuis plus de vingt-cinq ans. À cette date, plus d'un tiers des immigrés avaient acquis la nationalité française. Le graphique (p. 20) et le tableau suivant (p. 21), tirés d'un récent rapport du ministère de l'Économie, des Finances et de l'Industrie[1], permettent de bien cerner la place de la population immigrée au sein de la population totale.

La population immigrée se répartit en trois grandes catégories :
– les originaires de l'Union européenne sont 1,6 million, soit une baisse de 10 % depuis dix ans. On peut leur ajouter 400 000 autres personnes originaires des pays européens ;
– les Maghrébins sont 1,3 million, soit une hausse de 6 % au cours des dix dernières années, due, pour les trois quarts, aux arrivées de Marocains ;
– les personnes venant du reste du monde sont 1,1 million, soit 20 % de plus en dix ans. Sur ce total, 400 000 immigrants sont originaires d'un pays d'Afrique subsaharienne, soit une hausse de 43 % par rapport à 1990.

---

1. « Immigration sélective et besoins de l'économie française », Rapport du ministère de l'Économie, des Finances et de l'Industrie, Paris, La Documentation française, 2006.

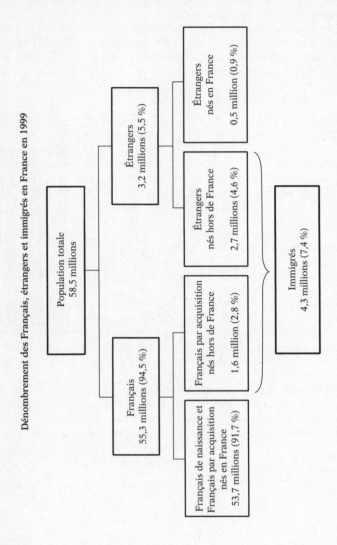

Dénombrement des Français, étrangers et immigrés en France en 1999

Population totale
58,5 millions

Français
55,3 millions (94,5 %)

Étrangers
3,2 millions (5,5 %)

Français de naissance et
Français par acquisition
nés en France
53,7 millions (91,7 %)

Français par acquisition
nés hors de France
1,6 million (2,8 %)

Étrangers
nés hors de France
2,7 millions (4,6 %)

Étrangers
nés en France
0,5 million (0,9 %)

Immigrés
4,3 millions (7,4 %)

Source : INSEE, Recensement de la population, 1999.

La part des immigrés par rapport à la population totale, tout comme celle des étrangers, s'avère ainsi relativement stable depuis le début des années 1930, comme en témoignent les graphiques suivants élaborés sur le fondement des recensements de la population :

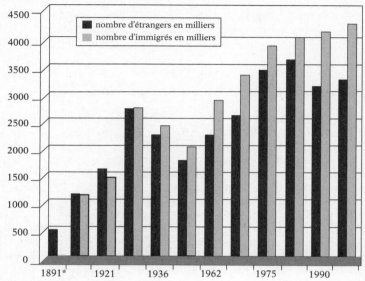

* nombre d'immigrés non connu

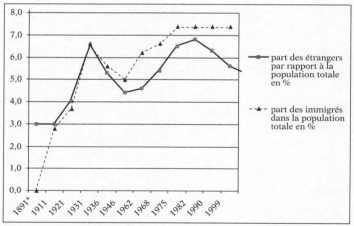

* part des immigrés non connue

Ainsi, si la France n'avait pas connu une très forte immigration à partir du début du XIXᵉ siècle jusqu'à nos jours, elle compterait 40 à 45 millions d'habitants au lieu de 60 millions. Environ un tiers de la population vivant en France est donc issu à trois ou quatre générations de l'immigration. Encore largement méconnue bien que consubstantielle à la nation française, l'immigration s'est néanmoins installée, au cours des trente dernières années, au centre du débat politique, essentiellement sous l'angle de ses effets jugés négatifs.

3. L'immigration au centre du débat politique français

Depuis le « tournant de 1974 », l'immigration s'est installée durablement dans le débat politique français, voire européen. Ce débat oppose souvent les pouvoirs publics aux partenaires sociaux, aux associations, voire aux intellectuels et aux artistes. Il provoquera de nombreux affrontements, manifestations, voire des grèves de la faim. Il devient l'un des thèmes majeurs de la confrontation entre partis politiques, au-delà de la montée en puissance électorale du Front national jusqu'à son accession au deuxième tour de l'élection présidentielle de 2002[1]. Plusieurs axes de débat peuvent être identifiés, révélant cette politisation quasi permanente de l'immigration, et de son corollaire, l'intégration : l'orientation de la politique d'immigration, les réactions des pouvoirs publics à l'égard de l'immigration clandestine, les crises urbaines.

Quelle politique d'immigration pour la France ?

Déjà en 1980, le projet de loi Stoléru concernant le renouvellement des cartes de séjour et de travail, ainsi que le projet d'Ornano codifiant l'accès aux foyers collectifs, et contre les limitations à l'inscription des étudiants étrangers dans les universités françaises, est à l'origine d'une marche nationale à Paris, le 10 mai, à l'appel d'une dizaine d'organisations de soutien aux travailleurs étrangers en France, des partis politiques de gauche, de la CFDT et de la Ligue des droits de l'homme. Cette marche sera suivie de mani-

---

1. Au premier tour de l'élection présidentielle de 1974, Jean-Marie Le Pen a réuni 0,75 % des voix. En 1988, son score atteint 14,38 %, 15 % en 1995, 16,86 % en 2002, premier tour au cours duquel 4 800 000 électeurs et électrices lui accorderont leur suffrage.

festations en juin, à Paris et dans plusieurs villes de France, à l'appel de soixante-dix associations antiracistes, religieuses et familiales, des principales organisations syndicales, du PCF et du PSU.

En octobre 1980, lorsque Lionel Stoléru, secrétaire d'État auprès du ministre du Travail et de la Participation, affirme qu'« il n'est plus question d'accueillir un seul étranger en France », ses propos sont fermement condamnés le lendemain par les syndicats CGT et CFDT et par la Fédération des associations de solidarité avec les travailleurs immigrés (FASTI).

En janvier 1985, M. Bernard Stasi, vice-président du Centre des démocrates sociaux, publie *L'Immigration, une chance pour la France*, en faveur d'un « métissage culturel », d'une politique d'insertion des immigrés et du respect du « droit à la différence ». Il provoque une certaine émotion à droite, et un élu du même bord politique, M. Christian Bonnet, sénateur Républicain Indépendant, ira même jusqu'à demander à M. Jean Lecanuet, président de l'UDF, la mise en congé de l'UDF de Bernard Stasi, en raison des positions exprimées dans son ouvrage. La même année, Alain Griotteray signe *L'Immigration, le choc*, dressant un constat similaire à celui de M. Stasi mais préconisant des solutions différentes. C'est l'année où *Le Monde* crée une rubrique spéciale dédiée à l'immigration.

Dans ce contexte, la recommandation du Parlement européen exprimée le 9 mai 1985 en faveur d'une participation à la vie publique au niveau communal et régional, dans leurs pays d'accueil, des immigrés d'origine extracommunautaire, ne passe pas inaperçue, pas plus que la déclaration, le 25 octobre 1985, du président Mitterrand, lors de l'inauguration du Haut conseil de la population et de la famille, qui replace le débat dans la nécessité de lutter contre la dénatalité et d'aborder avec « ouverture et générosité » le problème de l'immigration.

En 1986, un pas est franchi, celui de la dénonciation au sommet de l'État des abus auxquels le droit d'asile donnerait lieu : c'est le sens des déclarations de Robert Pandraud, ministre délégué à la Sécurité, à l'occasion de la réunion à Londres des ministres de l'Intérieur de la CEE portant notamment sur le contrôle de l'immigration clandestine.

Traduisant sans doute une évolution politique dans son propre camp, le président Mitterrand, lors d'une interview

23

en date du 10 décembre 1989, estime que le « seuil de tolérance » a été atteint dans les années 1970, d'où la nécessité d'allier la fermeté vis-à-vis de l'immigration clandestine à une politique d'intégration, et s'affirme d'ailleurs personnellement favorable au droit de vote des immigrés aux élections locales, tout en rejetant l'idée d'un référendum sur ce sujet. Il sera suivi quelques jours plus tard, par son Premier ministre, Michel Rocard, qui, le 7 janvier 1990, dans son allocution de clôture à la Rencontre nationale des élus socialistes originaires du Maghreb, déclare : « Nous ne pouvons accueillir toute la misère du monde. »

La question de la réouverture de l'immigration de travail revient dans le débat fin 1999, quand Alain Juppé développe dans *Le Monde* l'idée que l'Europe « va avoir besoin d'apports de main-d'œuvre étrangère », thèse développée ensuite par plusieurs rapports officiels, notamment celui de novembre 2002 du Commissariat général au plan intitulé « Immigration, marché du travail, intégration ».

Faut-il ouvrir les frontières françaises à une main-d'œuvre étrangère qualifiée dont l'économie française a besoin, selon un système de quotas ? La question de « l'immigration choisie plutôt que subie » est en effet posée par Nicolas Sarkozy, ministre de l'intérieur et de l'aménagement du territoire, qui défend le système de points à la canadienne permettant de déterminer des critères (âge, qualifications, expériences professionnelles) pour sélectionner les candidats à l'immigration selon les besoins de l'économie. Il s'agirait donc de mettre en place en France des mécanismes de quota pratiqués aux États-Unis, au Canada, en Espagne, en Italie, et de manière ponctuelle, en Allemagne.

Le système des quotas appelle, d'après Patrick Weil, spécialiste reconnu des questions d'immigration, deux réponses [1] : « Hiérarchiser entre les immigrés légaux selon leur voie d'entrée en France, distinguer entre les bons – "ceux qui travaillent" – et les mauvais – "ceux qui ont des droits" –, c'est encore une fois exciter les tensions et la stigmatisation selon l'origine. [...] Il est sans aucun doute légitime de discuter d'une plus grande ouverture de la France à des étrangers venus directement pour travailler, mais ils ne viendront pas se substituer aux autres immigrés légaux, réfugiés et familles. » En outre, « si l'on veut ouvrir la France à plus

---

1. P. Weil, *La République et sa diversité. Immigration, intégration, discriminations*, Seuil, Paris, 2005.

d'immigration économique, l'expérience prouve que la méthode des quotas est la moins bonne des méthodes. Les quotas des non-qualifiés sont toujours dépassés et les quotas de qualifiés jamais atteints ».

En tout état de cause, bien que vivement critiquée par les associations et la Commission nationale consultative des droits de l'homme, la loi relative à l'immigration et à l'intégration du 24 juillet 2006 a mis en place une carte de séjour « compétences et talents » : elle peut être accordée aux étrangers susceptibles de participer, du fait de leurs compétences et de leurs talents, au développement économique ou au rayonnement de la France et du pays dont ils ont la nationalité, dans des conditions fixées par une « Commission nationale des compétences et des talents ». Des règles particulières ont en outre vocation à s'appliquer aux ressortissants des pays de la zone de solidarité prioritaire, essentiellement africains.

JUSQU'OÙ LES POUVOIRS PUBLICS PEUVENT-ILS ALLER DANS LA LUTTE CONTRE L'IMMIGRATION CLANDESTINE ?

En octobre 1986, l'affaire des cent un Maliens en situation irrégulière expulsés vers leur pays s'inscrit dans la nouvelle orientation de la majorité sortie des urnes quelques mois plus tôt. Elle provoque des protestations du PS, de la CGT, d'organisations de défense des droits de l'homme, mais l'approbation du Front national. Les déclarations de Charles Pasqua, ministre de l'Intérieur, rappelant que « la loi s'applique à tous » et annonçant de nouvelles mesures de reconduite à la frontière se doublent d'une protestation du Mali qui affirme ne pas avoir été informé par les autorités françaises. Quelques jours plus tard, des manifestations sont organisées, à l'appel notamment du MRAP, de la Ligue des droits de l'homme et de SOS-Racisme.

En juin 1996, la crise des « sans papiers » fait irruption dans le débat politique. À Paris et dans plusieurs villes, des manifestations pour la « régularisation des sans-papiers » sont organisées. L'église Saint-Hyppolite à Paris est occupée par des parents étrangers d'enfants français, alors que l'église Saint-Bernard de la Chapelle, dans le XVIIIe arrondissement de Paris est occupée par environ 200 Africains sans-papiers, avec le soutien de l'Église catholique qui, par l'intermédiaire de Mgr Claude Frickart, évêque auxiliaire de Paris, dénonce « l'injustice et l'immoralité d'un certain nombre de lois sur l'immigration », et souhaite que l'administration régularise les sans-papiers « au nom du droit fondamental de vivre en famille ». Une centaine de « sans-papiers » occupe également la mairie du XVIIIe arrondissement de Paris, pour réclamer leur régularisation.

Quelques semaines plus tard, sur le fondement d'un avis du Conseil d'État rappelant que l'administration dispose d'un pouvoir d'appréciation au cas par cas, le Premier ministre, Alain Juppé, déclare que la « douloureuse » grève de la faim « n'a plus d'objet » et confirme « la fermeté » du gouvernement : le 23 août, les forces de l'ordre évacuent de force les occupants de l'église Saint-Bernard après avoir défoncé la porte à la hache. 228 Africains sont interpellés, les 10 grévistes de la faim sont transportés dans des hôpitaux militaires et la plupart des sans-papiers sont conduits au centre de rétention de Vincennes.

En février 1997, la Ligue des droits de l'homme présente un appel « contre la loi Debré », signé par 150 personnalités, demandant le retrait du projet de loi sur l'immigration qui doit être examiné au Parlement, un moratoire sur les expulsions et une régularisation des sans-papiers. Les 8 et 9 février, des maires de gauche de Paris et d'Île-de-France organisent des baptêmes républicains d'étrangers sans papiers, qui sont parrainés par des personnalités. 59 réalisateurs de cinéma lancent un appel à la désobéissance contre les lois sur l'immigration. Sur RTL, Jacques Toubon, ministre de la Justice, juge inadmissible l'appel à la désobéissance civile. Éric Raoult, ministre de la Ville et de l'Intégration, s'illustre en invitant les cinéastes à venir passer un mois dans une cité difficile de Seine-Saint-Denis, « pour voir que l'intégration, ce n'est pas du cinéma ».

En 1999, commence le feuilleton du hangar de Sangatte : ouvert en août, le hangar est destiné à accueillir les demandeurs d'asile polonais, kosovars, iraniens, irakiens puis afghans, refoulés d'Angleterre. En septembre après quelques semaines de fermeture, le hangar est rouvert et sa gestion confiée à la Croix-Rouge. Il sera à nouveau fermé en 2002 par décision du ministre de l'Intérieur, non sans polémique sur la portée réelle de cette fermeture.

Le problème des zones d'attente et d'hébergement dans les aéroports fait également débat ; si, en 2001, le ministre de l'Intérieur, Daniel Vaillant, visite la nouvelle zone d'attente de l'aéroport Roissy-Charles-de-Gaulle destinée aux étrangers non admis sur le territoire national à leur arrivée en France et déclare qu'elle « est un lieu d'équilibre où les deux impératifs de la maîtrise des frontières et de l'accueil des fugitifs se vivent au jour le jour », trois associations, l'ANAFE (Association nationale d'assistance aux frontières pour les étrangers), Amnesty International et l'association œcuménique la Cimade, rendent publics deux rapports dans lesquels elles dénoncent les « droits bafoués » des étrangers au sein de zones d'hébergement aéroportuaires.

La question des « sans-papiers » resurgit en 17 août 2002, lors de l'occupation de la basilique de Saint-Denis par plusieurs sans-papiers. À cette occasion, un communiqué du ministère de l'Intérieur déclare : « Aucune régularisation massive n'a apporté de solution durable et équitable aux questions d'immigration ». Les collaborateurs du ministre rappellent que chaque situation individuelle doit être examinée par la préfecture « territorialement compétente ».

QUE RÉVÈLE LA MULTIPLICATION DES CRISES URBAINES ?

De l'incendie de voitures à Vénissieux, Vaulx-en-Velin, Villeurbanne, Marseille et Avignon au cours de l'été 1981, aux violences urbaines à Vaulx-en-Velin dans le quartier du Mas-du-Taureau en octobre 1990, puis aux « émeutes » de Mantes-la-Jolie en mai 1991, jusqu'au mouvement de révolte dans les banlieues françaises de novembre 2005, ce sont plus de vingt ans de crise urbaine censée révéler les échecs de l'intégration des immigrés qui s'offrent à l'analyse, qui interrogent le modèle républicain d'intégration, tout en déplaçant insensiblement le débat de l'immigration vers la question des « deuxièmes générations », des « jeunes issus de l'immigration », sans qu'il soit clairement identifié qu'il ne s'agit plus de la même problématique. En effet, les crises urbaines posent la question du lien social, de son maintien ou de son rétablissement, entre les différentes composantes de la société française, sur fond de ségrégations sociales et urbaines.

Ces manifestations de violence doivent en effet être rapprochées de la « Marche contre le racisme et pour l'égalité », à l'issue de laquelle, le 3 décembre 1983, les marcheurs partis de Marseille arrivent à Paris : ils sont 100 000 à réclamer l'égalité, pacifiquement, jusqu'à être reçus à l'Élysée. Le 15 juin 1985, SOS-Racisme organise place de la Concorde un concert rassemblant 300 000 personnes. En janvier 2003, c'est au tour du mouvement « Ni putes ni soumises » d'organiser une marche pour l'égalité et contre les ghettos.

Plus que l'échec de l'intégration, l'ensemble de ces événements semble plutôt révéler l'aspiration à l'égalité de la jeunesse française. Rien que de très français, en somme, comme le refus du communautarisme.

II

Le refus du communautarisme, une tradition républicaine à la base de l'intégration à la française

La vision française de la nation, fondée sur le « vouloir vivre ensemble », le « plébiscite de tous les jours » (Renan), amène à concevoir l'intégration des immigrés comme un processus individuel, qui s'inscrit dans le projet plus vaste de la construction de la « communauté de citoyens »[1].

Le « modèle républicain d'intégration », si souvent invoqué, n'a longtemps été que la simple application des principes républicains aux particularismes immigrés.

1. Construire la « communauté de citoyens »

La République, dans son projet égalitaire, universaliste et démocratique issu de la Révolution, ne veut connaître que des individus-citoyens, sans distinction de race, d'origine ou de religion, et nie l'existence de minorités ou de tout autre corps intermédiaire, au sein de la Nation.

« TOUT REFUSER AUX JUIFS COMME NATION, ET TOUT LEUR ACCORDER COMME INDIVIDUS »

L'individu, libéré de toutes ses appartenances, doit pouvoir participer avec ses concitoyens à une vie politique se déployant dans un espace public nettement séparé de la sphère du privé.

---

1. Dominique Schnapper, *La communauté des citoyens. Sur l'idée moderne de nation*, Gallimard, 1994.

Cette doctrine, énoncée par le député Clermont-Tonnerre à l'Assemblée législative de 1791, peut être résumée ainsi : « Il faut tout refuser aux Juifs comme Nation, et tout leur accorder comme individus ». Il est question de transcender les particularismes, qu'ils soient ethniques, religieux, culturels, historiques ou sociologiques.

Grâce à l'éducation (qui donne accès à une histoire « nationale », donc commune), mais aussi, plus tard, grâce à la conscription, il s'agit de libérer les individus de tous les déterminismes naturels ou culturels qui pèsent sur eux.

Marquée par la centralisation politique et culturelle menée par la monarchie et renforcée par la Révolution, la France ne reconnaît donc que le principe de la citoyenneté individuelle, au point de considérer que le « citoyen universel », détaché de ses particularismes, composerait le « génie propre »[1] de la France. La préférence sera donc constamment donnée aux institutions et aux mesures générales, alors que seront toujours refusées les mesures discriminatoires, même positives.

Construire la « communauté des citoyens » passe donc par la négation de l'existence des communautés intermédiaires. Il ne peut être question de reconnaître l'existence de communautés ethniques, nationales, religieuses, voire de minorités, qu'elles soient issues de l'immigration ou non, jusqu'à l'aveuglement : « L'universalisme français nie l'importance de la couleur de la peau et avait su imposer durant la première moitié du XXᵉ siècle l'image, agréable à certains mais effrayante pour d'autres, d'une France indifférente aux questions raciales[2]. »

LA FRANCE, CHAMPIONNE DE L'INTÉGRATION INDIVIDUELLE

État-nation par excellence, la France se voudra donc la championne de l'intégration individuelle. L'immigré n'a par conséquent d'autre choix, sinon pour lui, du moins pour ses enfants, que de s'inscrire dans cette perspective, que l'acquisition de la nationalité française parachève et facilite tout à la fois.

En effet, cette acquisition de la nationalité française demeurera longtemps synonyme d'accès non seulement à

---

1. Marceau Long, dans la préface à P. Weil, *La France et ses étrangers*, Calmann-Lévy, Paris, 1991.
2. Emmanuel Todd, *Le Destin des immigrés. Assimilation et ségrégation dans les démocraties occidentales*, Seuil, Paris, 1994.

la plénitude des droits politiques, mais également aux droits sociaux. Les grandes avancées en matière de droit et de protection sociale (loi sur les syndicats de 1884, loi sur les accidents du travail de 1898, loi sur les vieillards et les indigents de 1905) ont d'abord été réservées aux nationaux, et il faudra attendre la Libération pour que progressivement les étrangers jouissent des mêmes droits économiques et sociaux que les Français.

Ainsi, le rôle des deuxièmes générations sera capital. Nées en France, accédant à la nationalité française, bénéficiant de l'école républicaine et de l'ensemble des mécanismes de droit commun qui visent à construire la cohésion sociale et nationale, naturellement enclines à rejeter les « stigmates » sociaux de leurs parents, elles vont revendiquer leur appartenance à la communauté nationale française. Elles seront en outre le moteur de l'intégration de leurs parents, ne serait-ce qu'en leur facilitant l'usage du français. Au prix de leur acculturation, qui passera non seulement par la perte de la culture d'origine (déculturation), mais en outre par l'appropriation de la culture française.

2. L'intégration à la française, entre modèle et tradition

Bien que largement mythifiée, l'intégration individuelle à la française a, depuis un siècle et demi, plutôt fonctionné, tant vis-à-vis des immigrés que des « migrants de l'intérieur ».

Elle consite à « rendre compatibles entre elles les valeurs et les aspirations des immigrés et celles de la société d'installation, ce qui devrait déboucher sur une extension de la participation sociale des immigrés. [...] Cette finalité ne signifie pas nécessairement que les immigrés se fondent dans la société d'installation au point de perdre toute identité spécifique, situation que l'on pourrait qualifier d'absorption ou, selon le concept le plus utilisé dans la sociologie américaine ou les débats politiques jusque dans les années 1970, d'assimilation » (Patrick Simon)[1].

---

1. « Le Modèle français face aux mutations économiques et sociales. La crise du modèle français d'intégration », *in* « Le modèle social français », *Cahiers français*, n° 330, janvier-février 2006.

- *L'école laïque, fabrique de citoyens égaux et vecteur de la méritocratie républicaine*

Le premier élément permettant l'intégration des immigrés à la République est l'école laïque. Les lois Ferry instituent l'école publique, laïque, obligatoire et gratuite pour tous les enfants entre 6 et 13 ans résidant sur le sol français. L'École, au-delà des savoirs de base (lire, écrire, compter), est aussi chargée d'inculquer aux enfants les valeurs de la République (liberté, égalité, fraternité) et une morale laïque, comme en témoigne la *Lettre aux instituteurs* de Jules Ferry de novembre 1883.

Dominique Schnapper, dans son ouvrage *Qu'est-ce que la citoyenneté ?*, nous rappelle ainsi la double fonction de l'École, qui, non seulement, « dispense une langue, une culture, une idéologie nationale et une mémoire commune », mais en outre « forme un espace fictif à l'image de la société politique elle-même », au sein duquel « les élèves, quelles que soient leurs origines historiques, leur appartenance à une Église et leurs origines sociales, sont traités de manière égale »[1].

Cette conception volontariste du rôle de l'enseignement primaire devait favoriser l'enracinement des jeunes institutions républicaines, en arrachant l'individu à ses particularités pour en faire un citoyen abstrait.

L'école républicaine, c'est aussi la méritocratie. Donner l'éducation à tous, c'était offrir aux futurs citoyens des chances égales de promotion : « L'École était chargée d'assurer la promotion des plus méritants des fils du peuple ou, dans des termes plus modernes, de lutter contre les inégalités, de permettre la mobilité sociale et de favoriser l'égalité des chances[2]. » Elle offre donc également des perspectives aux enfants d'immigrés.

- *Le partage imposé de la langue française*

Un autre élément fort de l'intégration républicaine est la maîtrise d'une langue partagée, le français. Les langues régionales, les « patois » et autres dialectes ont été interdits

---

1. Dominique Schnapper, *Qu'est-ce que la citoyenneté ?*, Gallimard, Paris, 2000.
2. *Op cit.*

dans l'enceinte des écoles, afin d'assurer la maîtrise effective du français par tous les enfants. Cette maîtrise du français devait renforcer la cohésion nationale mais aussi favoriser l'ascension sociale pour les élèves.

• *L'accès facilité à la nationalité française*

Enfin, le droit de la nationalité est venu, traditionnellement, renforcer ces éléments d'intégration républicaine. Dès le milieu du XIXᵉ siècle, la France a fait le choix de mêler droit du sang (les enfants de parents français sont français) et droit du sol (les enfants nés en France sont français), de manière à pouvoir intégrer les immigrés arrivés en France, ainsi que leurs enfants. La loi de 1889 sur laquelle repose encore pour l'essentiel notre code actuel de la nationalité, bien que celui-ci ait fait l'objet de nombreuses réformes depuis le début des années 1980, a joué un grand rôle dans l'intégration des immigrés et surtout de leurs enfants, en leur facilitant l'accès à la citoyenneté française.

Les immigrés sont donc supposés devenir pleinement français à la deuxième génération, en acquérant à la fois le statut juridique (la nationalité française) et les normes culturelles de la société française, notamment par la socialisation dans l'école républicaine.

Pour autant, cette intégration républicaine, pour laquelle il faut également citer le rôle de l'armée, de l'Église, du parti communiste et des syndicats, comprend également une face sombre.

LA FACE SOMBRE DE L'INTÉGRATION RÉPUBLICAINE

• *Une présence souvent contestée*

L'accueil des migrants en France est en effet ponctué de nombreuses remises en question, étroitement corrélées au cycle des crises économiques.

Ainsi, la crise économique des années 1880-1890 exacerbera les tensions entre immigrés et ouvriers français, les derniers accusant les premiers de faire pression à la baisse sur les salaires. Après les Belges, stigmatisés pour leur tendance à l'autarcie et leur habitude de transférer leurs revenus dans leur pays, à la fin du XIXᵉ siècle, comme le souligne l'historienne Marie-Claude Blanc-Chaléard[1], la menace est italienne.

_____

1. In *Histoire de l'immigration*, La Découverte, Paris, 2001, 128 p.

Rixes, chasses à l'étranger, grèves menées par les ouvriers français pour obtenir le renvoi de leurs collègues immigrés se multiplient, jusqu'aux manifestations xénophobes violentes : les « vêpres marseillaises » de 1881 font trois morts et 28 blessés. En 1893, la tuerie d'Aigues-Mortes, provoquée par l'attaque des ouvriers italiens des salines par des groupes de Français armés de bâtons et de fusils, fait au moins huit morts et plusieurs dizaines de blessés graves, en dépit de l'intervention de la gendarmerie. Dans ce contexte, les décrets de 1888 et 1893 organisent la surveillance des étrangers et le contrôle de leurs mouvements.

Dans *L'Invasion*, l'académicien Louis Bertrand s'inquiète en 1907 de « l'avenir de la race submergée par la vague latine ». Il traite les Italiens de barbares fanatiques, il dénonce les hordes sauvages, les nuées de sauterelles. Sales, les « Ritals » ou « Macaroni » seraient également violents. On va jusqu'à évoquer l'odeur de leur cuisine, leur sexualité, avant que ne vienne le tour des « sales Polaks », dont on critique la ferveur catholique qui les conduit à ne pas fréquenter l'estaminet le dimanche comme leurs collègues français et à demeurer debout pendant l'office religieux.

Le thème de l'invasion se retrouve aussi dans la littérature ; deux romans du capitaine Danrit ont le mot invasion dans leur titre : *L'Invasion noire* (1895-1896) et *L'Invasion jaune* (1909).

Dans les années 1930, ce sont les Russes et les Arméniens qui sont jugés inassimilables par Georges Mauco dans *Les Étrangers en France*. Dans cette enquête visant à classer les ouvriers étrangers selon leur valeur au travail industriel en fonction de leur nationalité[1], il affirme que, « parmi la diversité des races étrangères en France, il est des éléments dont l'assimilation n'est pas possible et, au surplus, très souvent physiquement et moralement indésirable ». Georges Mauco appartenait au cabinet du sous-secrétaire d'État chargé des services de l'immigration et des étrangers.

La crise des années 1930 conduit, comme celle des années 1880, à une remise en cause de la présence étrangère. Le gouvernement français prend ainsi des dispositions pour tenter de ralentir l'entrée des travailleurs étrangers.

---

1. G. Mauco, *Mémoire sur l'assimilation des étrangers en France*, Société des Nations, Institut international de coopération intellectuelle, Genève, 1937.

La loi du 10 août 1932 accorde une priorité du travail à l'ouvrier français dans l'industrie en instaurant des quotas d'ouvriers étrangers dans les entreprises. Elle permet de refuser le séjour d'un étranger sur des critères arbitraires et de l'expulser sans possibilités de recours. De nombreux décrets d'application sont pris tout au long des années suivantes, multipliant les restrictions en matière de délivrance des cartes de séjour, imposant une autorisation préfectorale pour passer d'un département à l'autre.

En 1934, une aide au rapatriement des ouvriers volontaires est décidée. Des retours forcés sont également organisés qui concerneront particulièrement les ressortissants polonais : entre 1931 et 1936, d'après les statistiques du ministère du Travail, près de 130 000 rapatriements sont organisés. Au total, entre 1931 et 1936, le nombre d'ouvriers étrangers va chuter de 37 %.

Des mesures discriminatoires sont également prises : en avril 1933, la loi Ambruster limite l'exercice de la médecine aux titulaires français d'un doctorat de médecine. Une loi du 19 juillet 1934 interdit même aux Français naturalisés l'inscription au barreau pendant une durée de dix ans.

C'est l'époque où l'on peut lire dans l'hebdomadaire d'extrême droite *Gringoire*, qui tire à 500 000 exemplaires, ces quelques lignes d'Henri Béraud :

« Sommes-nous le dépotoir du monde ? Par toutes nos routes d'accès, transformées en grands collecteurs, coule sur nos terres une tourbe de plus en plus grouillante, de plus en plus fétide. C'est l'immense flot de la crasse napolitaine, de la guenille levantine, des tristes puanteurs slaves, de l'affreuse misère andalouse, de la semence d'Abraham et du bitume de Judée ; c'est tout ce que recrachent les vieilles terres de plaies et de fléaux : doctrinaires crépus, conspirateurs furtifs, régicides au teint verdâtre, Polaks mités, gratin des ghettos, contrebandiers d'armes, pistoleros en détresse, espions, usuriers, gangsters, marchands de femmes et de cocaïne, ils accourent, précédés de leur odeur, escortés de leurs punaises [1]. »

• *Le temps, un facteur d'intégration sous-estimé*

Évoquer l'existence d'un « modèle d'intégration à la française », c'est en outre surestimer le rôle des choix politiques,

---

1. H. Béraud, « La France à tout le monde », *Gringoire*, 7 août 1936, cité dans l'avis du Conseil économique et social du 29 octobre 2003.

lesquels n'ont pas toujours été désintéressés, et sous-estimer le rôle des immigrés eux-mêmes, des solidarités à petite échelle et d'autres vecteurs de lien social, soulignant le temps nécessaire à l'intégration.

Comme l'indique Gérard Noiriel[1], « le terme de "modèle" laisse penser à tort que la République aurait eu un projet politique d'insertion des immigrants ». Or, « avant les années 1970-1980, cependant, aucun gouvernement ne s'est jamais vraiment penché sur la question. Depuis la fin du XIXe siècle, les immigrants et leurs descendants se sont fondus dans la société française sans que les gouvernants et les experts s'en mêlent », notamment grâce aux liens tissés par le travail et les mariages mixtes, bien qu'ils aient pu bénéficier de la volonté républicaine de favoriser « l'intégration des classes populaires dans l'État-nation ».

Quant à la loi de 1889 sur l'acquisition de la nationalité, elle traduit également, dans un contexte de faible vitalité démographique, la volonté d'augmenter le potentiel de conscrits.

Le contexte économique et professionnel est également un paramètre à prendre en compte, comme nous le rappellent opportunément deux spécialistes des questions d'immigration, à propos des Italiens et des Polonais de l'entre-deux-guerres : la « [...] xénophobie a été balayée par la guerre, et l'effort de reconstruction nationale a aspiré les enfants de ces générations-là, explique Patrick Simon, socio-démographe à l'INED. Sans ces événements historiques, il est difficile de savoir comment l'intégration se serait faite ». « La reconstruction et les Trente Glorieuses ont rabattu les cartes[2] », ajoute Catherine Withold de Wenden, spécialiste de l'immigration au Ceri/Sciences Po et auteur d'une étude sur l'ethnicisation des métiers.

Sous-estimé, le temps qui passe a également tendance à lisser la perception de l'intégration des différentes vagues migratoires, au profit d'une approche largement mythifiée de celle-ci, oublieuse de certaines réalités comme les regroupements communautaires persistants, ou encore la pratique tenace de la langue d'origine. En effet, comme le souligne Patrick Simon, « les travaux historiques ont montré que les trajectoires suivies par les immigrés à la fin du XIXe siècle

---

1. « La République et ses immigrés. Petite histoire de l'intégration à la française », *Le Monde diplomatique*, janvier 2002.
2. *In* « Raciste l'entreprise ? », *Enjeux-Les Échos*, n° 203, juin 2004.

et dans l'entre-deux-guerres ne correspondent pas à la fiction que propagent les discours récents sur l'intégration », « le panorama concernant l'intégration des Polonais, Italiens ou Arméniens » tranchant « singulièrement avec les images d'Épinal que la mémoire collective a bien voulu retenir »[1].

Le temps est donc un paramètre essentiel dans le processus d'intégration, et il se compte en générations.

3. Le « creuset français », une réalité qui dépasse la seule immigration

S'il convient de résister à la tentation de mythifier l'intégration républicaine, il n'en demeure pas moins que l'intégration des immigrés à la société française a fonctionné, tout comme celle des « migrants de l'intérieur », dans ce qu'il est convenu de décrire, avec Gérard Noiriel, comme « le creuset français »[2].

Les immigrés et leurs descendants se sont fondus dans la société française par la mobilité sociale, professionnelle, résidentielle, la prise de distance progressive avec la culture d'origine et les unions « mixtes ».

Sinon un « modèle français d'intégration », il y a donc une tradition républicaine d'intégration, qui repose sur :
– le caractère globalement accueillant de la France à l'égard des immigrants, en dépit des remises en cause régulière de leur présence ;
– une amnésie soigneusement entretenue sur le rôle de l'immigration et les origines des immigrés ;
– l'accès individuel des immigrés aux mécanismes généraux qui construisent la cohésion sociale et nationale, favorisant l'acculturation ;
– l'accès facilité à la citoyenneté française jamais réellement contesté, censé parachever l'assimilation ;
– le rôle des « deuxièmes générations » comme cible principale de cette mécanique intégratrice, même si cela n'a jamais été énoncé comme tel.

---

1. « Le modèle français face aux mutations économiques et sociales. La crise du modèle français d'intégration », *in* « Le Modèle social français », *Cahiers français*, n° 330, janvier-février 2006.
2. *Le Creuset français. Histoire de l'immigration XIXᵉ- XXᵉ siècle*, Seuil, Paris, 1988.

À ce titre, rien ne distingue l'acculturation des immigrés de celle des « migrants de l'intérieur », comme le soulignent Marc Pottier et Jean Viard[1] : l'exode rural, en deux vagues distinctes dans leurs caractéristiques (1860-1870, où les pauvres ruraux, non-propriétaires, quittent la campagne, puis de 1950 à nos jours, où les paysans, dans un contexte marqué par la mécanisation, cèdent leur propriété), vide les campagnes : ne serait-ce qu'entre 1876 et 1880, un million d'individus gagnent la ville, marqués par les particularismes de leur terroir. Or, dans la France des années 1860, pour 50 % des Français qui ont entre 7 et 15 ans, le français est une langue étrangère. Comme pour l'immigration, cet exode rural a lui aussi été passé sous silence : « Le silence d'origine sur l'exode rural vient du fait que cet exode fut exclusion de tous les pauvres ruraux d'une campagne inventée, celle de la paysannerie propriétaire et républicaine. Cet exode-exclusion ne méritait pas de parole : il était mis en ordre du réel face au mythe et au récit, travail qui doit être silencieux par définition. »

Ainsi, « en cette aube du troisième millénaire où un tiers des Français sont des descendants d'immigrés ou d'émigrés et près de deux tiers des descendants de ruraux, nous portons tous en nous une forme de déracinement : à défaut de la nôtre, celle de nos ancêtres, puisque nous venons tous soit des champs, soit des provinces, soit "d'ailleurs", d'au-delà de nos frontières. »

Mais l'acculturation est un combat personnel, et ne suffit pas toujours à susciter une bienveillante indifférence de la part des dépositaires de la culture d'accueil, comme en témoignent ces extraits d'un reportage publié en mai 2006 dans *Enjeux-Les Échos* réalisé par Laurence Bagot :

« La semaine, Khalid, consultant, est "nickel" : "J'ai la photo de mon fils sur mon bureau ; je porte des cravates italiennes et je roule en Audi. Je fais comme tous les cadres autour de moi" [...] Au boulot, il évoque peu sa vie privée, sauf à un cercle restreint de collègues, ne mentionne pas l'association pour la promotion de la réussite auprès des jeunes de la cité dans laquelle il milite. Il évite de parler arabe dans l'*open space*. Lorsque sa mère l'appelle, il s'éclipse. Les rares fois où un mot de verlan lui échappe, son entourage le relève, comme un stigmate de son origine. [...]

---

1. Marc Pottier et Jean Viard, *Dialogue sur nos origines. Des champs, des provinces et d'ailleurs*, Éditions de l'Aube, Paris, 2005.

« Rien n'est dit ouvertement. Mais Khalid le sait : au bureau, il n'a pas le droit de ressembler à un Arabe, qui plus est de banlieue. Cet ingénieur diplômé de l'université technologique de Compiègne a pourtant grandi dans un quartier chaud de Cergy-Pontoise. Il habite aujourd'hui dans une maison, proche du pavillon où vivent encore ses parents. "Je pourrais être un pont entre les banlieues et l'entreprise, entre les Beurs et les autres Français, suggère-t-il. En réalité, je vis dans deux mondes hermétiques." [...]

« Sur l'autre rive de la Manche, Rabah, l'ami d'enfance de Khalid, titulaire d'un DEA de finance, raconte un tout autre univers. En 2004, ce bel homme timide est parti à Londres pour "booster son CV, avec autre chose que des missions d'intérim, et observer le communautarisme que les Français rejettent tant". Malgré son anglais scolaire, la Deutsche Bank l'a embauché en un jour. Dans la salle des marchés où il travaille, se côtoient des Britanniques, des Italiens, des Pakistanais... Chacun parle sa langue natale quand il s'adresse à un compatriote. "Je n'ai jamais à me justifier de ce que je suis, ni à expliquer pourquoi je bois un Coca plutôt qu'une bière au pub. Mes collègues ne me rabâchent pas qu'eux aussi, ils aiment le couscous. Pour eux, je suis Rabah, un mec de 29 ans, sympa et bosseur. Point."

« En France, se souvient-il, "on me disait lors d'entretiens d'embauche : 'Vous savez, nous avions dans notre équipe un petit Rachid et cela s'est très bien passé'." [...] Cet économiste ne supportait plus aussi qu'on l'interroge sur les valeurs dans lesquelles il avait été élevé, comme s'il fallait s'assurer qu'il ne fomenterait pas un casse au bureau avec sa bande de copain "rebeus". Lui qui avait eu un parcours universitaire exemplaire, voilà qu'on le prenait pour un voleur ordinaire. [...]

« Yassin vit ce tiraillement au quotidien. Il a grandi à Montreynaud, un quartier difficile de Saint-Étienne, et a réussi à l'école jusqu'à décrocher un DESS en logistique. "J'ai l'impression d'avoir une trajectoire normale, dit-il, je me vis comme un ingénieur lambda dans un cabinet de conseil. Pourtant, personne ne me considère comme un banal collègue." [...] Le plus blessant, c'est que son chef et ses collègues ignorent tout des efforts qu'il a fournis pour en arriver là. "Cela devrait plutôt être vu positivement, non ? Mais on me demande des efforts pour rentrer dans la norme tout en me renvoyant sans cesse à mes origines de Marocain de banlieue." [...]

« Amaria n'avait jamais quitté sa banlieue avant sa dernière année d'études à Paris. Depuis qu'elle travaille, l'entreprise a été son vecteur d'émancipation : les collègues lui ont appris à se maquiller, elle a découvert *Charlie-Hebdo*, a goûté à l'alcool à l'occasion d'un pot. Pour être en phase avec ses collègues, elle s'est inventé un appartement et des petits amis qu'elle n'a jamais eus : ses parents veulent qu'elle épouse un Marocain originaire de la région familiale. Quand sa mère lui propose de rencontrer un candidat, il lui arrive d'accepter pour ne pas faire d'histoires. "Me voilà à servir le thé à des inconnus qui me décortiquent, raconte-t-elle. C'est tellement humiliant !" Impensable de le raconter lundi matin... [...] L'espoir d'Amaria est d'épouser un homme francisé, habitué à jouer au passe-muraille pour ménager sa double culture et en finir avec sa double vie. »

On retrouve ici, trente ans plus tard, ce que les enquêtes sociologiques d'Abdelmalek Sayad nous révélaient[1] : les contradictions vécues par les enfants d'immigrés, tenaillés entre une société d'accueil qui voudrait les rendre invisibles tout en les stigmatisant alors qu'ils sont français, le « pays » dans lequel ils ne se reconnaissent pas, et des familles désorientées par la violence de l'émigration. Étrangers en France, étrangers à leur « pays d'origine » qui n'est pas le leur et étrangers à leurs parents.

Une triple peine, en quelque sorte, lourde à porter lorsqu'elle ne permet pas de s'exonérer des discriminations et que l'intégration républicaine ne respecte pas toutes ses promesses.

---

1. Abdelmalek Sayad, *L'Immigration ou les paradoxes de l'altérité*, Éditions De Boeck, Bruxelles, 1991.

III

La France des discriminations, une réalité

L'intégration n'est pas en panne. Néanmoins, au cours des trente dernières années, elle est soutenue par une volonté de plus en plus affirmée des pouvoirs publics, souvent précédée par un foisonnement d'initiatives privées. Sans doute est-ce le signe d'un affaiblissement de la mécanique qui assure l'intégration, puisqu'il s'agit de la conforter ou de la rétablir.

En effet, grippé par les discriminations, dont personne ne peut douter de la réalité, les pouvoirs publics s'organisent pour secourir le modèle d'intégration, sans toutefois le redéfinir sur des bases nouvelles en dépit des interrogations sur l'opportunité d'introduire en France la pratique des discriminations positives.

1. L'intégration, une mécanique toujours à l'œuvre ?

Comme le signale la Cour des comptes [1], l'analyse de l'intégration se heurte au « caractère souvent peu opérationnel des données statistiques qui sont un réel obstacle à une juste évaluation de la réalité des situations. [...] La Cour a pu constater qu'il n'existe pas de définition précise d'indicateurs et de critères reconnus et utilisables en l'espèce et susceptibles d'être incontestés. Deux catégories de raisons peuvent expliquer cette situation :
– la réticence à rendre public le détail des efforts consentis en faveur des populations concernées et à instaurer un

---

1. Cour des comptes, *L'Accueil des immigrants et l'Intégration des populations issues de l'immigration*. Rapport au président de la République, novembre 2004.

débat sur leur efficacité peut s'expliquer par l'extrême sensibilité de la matière ;

– l'absence fréquente de données chiffrées s'appliquant aux étrangers a également pour origine les protections légales et réglementaires dont ils bénéficient, interdisant, sur nombre de pièces et documents, la mention de leur origine afin de limiter les risques de discrimination ».

À la différence de certains pays comme le Canada, le Haut Conseil à l'intégration a même abandonné la démarche tendant à développer des indicateurs permettant de quantifier l'intégration. La Cour considère néanmoins que « la connaissance de la condition des étrangers, immigrés, de "deuxième génération", est à la fois un élément limité de l'analyse de l'intégration et un préalable nécessaire pour la définition des politiques publiques ». Or, force est de constater la « faiblesse des statistiques sur la condition des étrangers établis en France, sur les immigrés ou la génération de leurs enfants », même si « le recensement de 1999 a fait l'objet d'exploitations et de publications nombreuses sur les étrangers demeurant en France comme sur les immigrés ».

Pour autant, sous toutes les réserves qu'il convient de conserver sur ce qui demeure avant tout un processus difficilement quantifiable et complexe en raison des interactions dans lequel il se situe, un faisceau d'indices tend à montrer que l'intégration est un processus qui se poursuit : augmentation des mariages mixtes, et plus généralement une vie familiale présentant, globalement, les mêmes évolutions que celles de l'ensemble de la population, volume des demandes d'acquisition de la nationalité, participation aux scrutins électoraux, mesure de la volonté de rentrer au pays, mobilité sociale et professionnelle... autant de témoignages d'une intégration toujours à l'œuvre.

UNE VIE FAMILIALE QUI CONNAÎT LES MÊMES ÉVOLUTIONS QUE CELLES DE L'ENSEMBLE DE LA POPULATION

Comme l'affirment Catherine Borrel et Chloé Tavan, chercheuses à l'INSEE [1], les adultes immigrés vivent plus souvent en famille que l'ensemble de la population (80 % contre 77 %). En particulier, plus de 90 % des immigrés nés

---

1. Dossiers. « La vie familiale des immigrés. France, portrait social 2003-2004 », Paris, INSEE, 2004.

au Portugal ou en Turquie vivent en famille. La vie en famille est aussi plus fréquente pour les personnes originaires du Maroc, d'Afrique subsaharienne ou d'Asie du Sud-Est. Les immigrés nés en Algérie ou dans un pays d'Afrique subsaharienne sont, un peu plus fréquemment que les autres, chefs d'une famille monoparentale : sur l'ensemble des adultes vivant en famille, 12 % de ceux originaires d'Afrique subsaharienne et 11 % de ceux nés en Algérie sont dans ce cas, contre 7,2 % pour l'ensemble des immigrés et 6,6 % pour l'ensemble de la population. Depuis 1990, on observe chez les immigrés les mêmes tendances que dans l'ensemble de la population : augmentation de la proportion de personnes seules et de familles monoparentales.

Si les immigrés sont davantage mariés (plus de six personnes immigrées sur dix sont mariées ou remariées, contre seulement quatre sur dix pour l'ensemble des personnes résidant en France), la part de divorcés au sein des immigrés est voisine de celle de l'ensemble de la population (respectivement 5,4 % et 5,1 %), toutes deux étant en augmentation depuis 1990. Les divorcés restent cependant rares parmi les immigrés de Turquie (2 %).

Plus de la moitié des couples comportant au moins un immigré sont des couples mixtes : près de 1 million d'immigrés sont en union avec une personne non immigrée, soit plus d'un tiers des immigrés vivant en couple. Autrement dit, plus de la moitié des couples (53 %) composés d'au moins un immigré sont des couples « mixtes ».

Et si les écarts selon l'origine géographique sont néanmoins importants, traduisant notamment les différences dans l'histoire migratoire (l'ancienneté de la présence en France, le statut conjugal et l'âge à l'arrivée sont autant de facteurs qui interviennent dans la formation d'un couple mixte), la proportion de couples mixtes a cependant légèrement progressé en dix ans : en 1990, les couples mixtes représentaient 51 % des couples comportant au moins un immigré.

Les unions mixtes

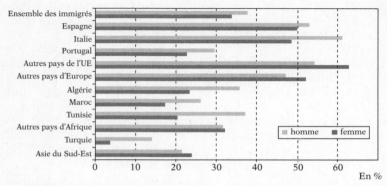

Lecture : 34 % des hommes immigrés en couple sont en union avec une femme non immigrée
Champ : immigrés vivant en couple
Source : Insee, *Recensement de la population*, 1999

Extrait de *Les Immigrés en France*, INSEE, édition 2005.

Les immigrés ont également été concernés par les transformations qui ont affecté la famille en France au cours des dernières décennies, notamment le déclin du mariage, la réduction de la taille des familles, bien que, là aussi, des différences importantes existent entre les immigrés d'origines différentes.

Nombre moyen d'enfants

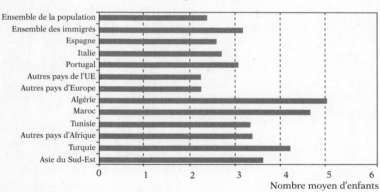

Champ : femmes âgées de plus de 45 ans et hommes âgés de plus de 55 ans
Source : Insee, *Enquête Étude de l'histoire familiale*, 1999

Extrait de *Les Immigrés en France*, INSEE, édition 2005.

UN VOLUME CROISSANT DE DEMANDES D'ACQUISITION VOLONTAIRE DE LA NATIONALITÉ

Le droit français de la nationalité distingue la nationalité par attribution (à la naissance, par filiation d'un parent français ou par naissance en France d'un parent lui-même né en France) et la nationalité par acquisition (naturalisation, réintégration dans la nationalité française, acquisition par mariage avec un conjoint français, etc.).

Le Haut Conseil à l'intégration, dans son deuxième rapport sur les étrangers en France, basé sur le recensement de 1990, confirmait déjà la hausse du nombre des acquisitions de nationalité (3,13 % de la population contre 2,6 % en 1982). En 2004, toujours d'après le HCI, ce sont 168 826 personnes qui ont acquis la nationalité française alors qu'en 2003 elles étaient au nombre de 144 640.

L'augmentation constatée, de près de 17 % entre 2003 et 2004 faisant suite à celle de 13 % entre 2002 et 2003, est due en grande partie à celle des acquisitions par décret et des acquisitions par mariage, respectivement : + 29 % et + 11 % entre 2003 et 2004.

À l'intérieur de ces flux, on observe des différences notables :

• les acquisitions par déclaration anticipée (avant la majorité en cas de naissance et de résidence en France d'une durée de cinq ans minimum) se stabilisent à 29 872 en 2004 contre 29 419 en 2003) ;

• le nombre de déclarations par mariage (l'étranger marié à un conjoint de nationalité française peut obtenir la nationalité française après un an de mariage et à condition que la communauté de vie n'ait pas cessé à la date de la déclaration) augmente de 11 % entre 2003 et 2004, après avoir augmenté de plus de 17 % entre 2002 et 2003 : elles représentent 34 440 personnes en 2004 ;

• les acquisitions par décret continuent d'augmenter très sensiblement : en 2004, elles représentent 60 % des acquisitions enregistrées, contre 55 % en 2003.

Les naturalisations représentent 88 % des acquisitions par décret. Elles ont augmenté de 30 % entre 2003 et 2004, enregistrant ainsi plus de 20 000 personnes supplémentaires. Dans une moindre mesure, les réintégrations ont augmenté de 21 %. À l'inverse, les acquisitions sans formalité (soit les acquisitions automatiques à la majorité à 18 ans en cas de naissance et de résidence en France d'une durée

45

de cinq ans minimum) enregistrent une nouvelle diminu-
tion en 2004 : 3 705 contre 4 710 en 2003. Ce mode d'acquisition de la nationalité française connaît une baisse
amorcée depuis plusieurs années : on comptait 11 087
acquisitions par le jus soli simple en 1999.

Comme l'indique le HCI, « la stabilisation des acquisitions par déclaration anticipée avant la majorité et la baisse
des acquisitions de droit est donc largement compensée par
l'augmentation des naturalisations et des réintégrations,
ainsi que par les acquisitions en raison du mariage. Autrement dit, ce sont les acquisitions volontaires qui sont en
nette augmentation [1] ».

UNE FAIBLE VOLONTÉ DE RETOURNER « AU PAYS » À LA RETRAITE

Une enquête statistique menée sur 6 200 ménages immigrés, âgés de 45 à 70 ans à partir d'un échantillon défini
avec l'INSEE portant sur les conditions de vie rencontrées
par les retraités au moment du passage à la retraite,
confirme le caractère définitif de l'installation des immigrés
et leur bonne intégration en France. Seul un pourcentage
minoritaire (de 2 à 18 %) envisage le retour au pays, bien
que demeure un désir encore très vif d'être enterré au pays
d'origine [2].

UNE MOBILITÉ SOCIALE ET PROFESSIONNELLE ENTRE GÉNÉRATIONS
INDÉNIABLE

L'observation des trajectoires sociales suivies par les descendants de migrants est d'apparition récente en France.

L'analyse de la mobilité des descendants de migrants
appréciée par rapport à l'accès au marché du travail et aux
positions occupées sur celui-ci, en les comparant à leurs
parents et aux « natifs », révèle certes les difficultés des
« secondes générations », qui connaissent toujours de gros
problèmes sur le marché du travail (exposition au chômage
plus importante, plus grande précarité dans l'emploi et
dépendance accrue à l'égard des emplois aidés), mais aussi

1. Rapport du Haut Conseil à l'intégration 2002-2005 remis au Premier
ministre le 24 novembre 2005.
2. C. Attias-Donfut (dir.), R. Gallou, C. Regnard et F.-C. Wolff, *Passage à
la retraite des immigrés. Premiers résultats de l'enquête Seniors.* Programme
d'étude et de recherche 2002-2003 réalisée par la CNAV avec le concours
financier du FASILD, de l'ARCCO, de la MSA et de la CANSSM, Paris,
CNAV – Direction des recherches sur le vieillissement, mars 2004, 109 p.

la persistance d'une certaine spécialisation ethnique des métiers. Depuis le début des années 1970, les descendants de migrants vivent en effet le durcissement observé des conditions d'entrée sur le marché du travail pour toutes les jeunes générations, particulièrement marqué pour les jeunes issus des milieux ouvriers, ainsi que, pour une part d'entre eux, les discriminations qui les mettent dans une situation différente de celles des natifs, à compétences et qualification égales.

Néanmoins, « la forte ségrégation professionnelle observée pour les immigrés a diminué à la génération suivante, signalant un processus de diffusion dans l'espace des professions[1] ». En d'autres termes, si les « secondes générations » ne sont pas totalement dans une situation identique à celle des natifs, elles bénéficient d'une nette évolution sociale et professionnelle par rapport à leurs parents.

Ainsi, l'analyse comparée du statut professionnel des pères de la première génération née en France par rapport au statut des enfants de la première génération née en France traduit cette ascension sociale et professionnelle : par rapport aux pères, les enfants issus de l'immigration portugaise sont proportionnellement presque deux fois moins nombreux à être ouvriers, quasiment cinq fois plus à être employés, plus de deux fois plus à être cadres supérieurs. S'agissant des enfants issus de l'immigration turque, ils sont presque, toujours proportionnellement, une et demi fois moins nombreux que leurs pères à être ouvriers, cinq fois plus nombreux à être employés et cadres supérieurs[2].

	Cadres supérieurs		Employés		Ouvriers	
	Pères	Enfants	Pères	Enfants	Pères	Enfants
Portugal	1,70 %	3,70 %	5,70 %	27,50 %	72,50 %	45,10 %
Maroc	14,40 %	10,40 %	14,80 %	25,80 %	45,10 %	29,30 %
Turquie	1,10 %	5,40 %	4,00 %	21,80 %	73,80 %	51,20 %
France	11,60 %	9,60 %	16,30 %	25,80 %	35,00 %	33,80 %

---

1. D. Meurs, A. Pailhé et P. Simon, *Mobilité intergénérationnelle et persistance des inégalités. L'accès à l'emploi des immigrés et de leurs descendants en France*, INED, Paris, 2006.
2. Étude de Patrick Simon, INSEE, *Étude de l'histoire familiale*, INED, 1999, citée dans *Enjeux-Les Échos*, n° 203, juin 2004.

Ainsi, s'agissant des ouvriers, en 1999[1], 40 % des hommes actifs âgés de 30 à 59 ans nés en France et ayant deux parents nés à l'étranger sont ouvriers (63 % ont un père qui était ouvrier), 32 % des hommes dont seul le père est né à l'étranger sont ouvriers (44 % ont un père ouvrier) et 35 % des hommes dont les deux parents sont nés en France sont ouvriers (37 % ont un père qui était ouvrier). D'une génération à l'autre, les fils d'ouvriers, que leurs parents soient nés ou non en France, connaissent donc une évolution socioprofessionnelle comparable et convergente.

S'agissant des cadres, la situation est similaire.

En cela, ces parcours sociaux et professionnels s'inscrivent pleinement dans la réalité des parcours ascendants constatée à long terme sur le plan historique et sociologique, en dépit de l'imagerie républicaine. En effet, non seulement tout le monde ne bénéficie pas d'une ascension sociale par rapport à ses parents, mais en outre la très grande majorité des parcours ascendants relève de parcours de proximité (les fils d'ouvriers devenant employés, les fils d'employés devenant cadres moyens, etc.). Ainsi, pour Stéphane Beaud, « pas de miracle donc, quand on regarde les chiffres, l'ascenseur social a son rythme propre et oblige le plus souvent à passer par des étages intermédiaires. Sur une longue période, les mobilités sociales les plus remarquables s'effectuent en général sur trois générations[2] ».

Dans ce cadre, le rôle de la création d'entreprise mérite d'être souligné dans le processus d'intégration par mobilité sociale et professionnelle.

Désir d'être indépendant, de créer son propre emploi compte tenu des difficultés sur le marché du travail, la création d'entreprise est également une quête de reconnaissance et d'ascension sociale, une volonté de rendre hommage aux parents tout en prenant des distances avec leur propre destin. C'est ce que nous rappelle une étude réalisée pour le compte du FASILD[3], dont quelques extraits sont reproduits ci-après.

---

1. *Les Immigrés en France*, INSEE, édition 2005.
2. Stéphane Beaud, « Le modèle français : l'ascenseur social en panne ? », in *Cahiers français*, n° 330, janvier-février 2006.
3. Mohamed Madaoui (CNAM) et Mouloud Kourdache (EHESS), « Entreprises et entrepreneurs issus de l'immigration maghrébine : de la stigmatisation à la promotion sociale », 2003, téléchargeable sur le site de l'Agence nationale pour la cohésion sociale et l'égalité des chances (www.ancsec.gouv.fr).

« Entreprendre, c'est également prendre une "revanche sur le destin" du père immigré et le moyen de reconquérir "l'honneur" de la famille : "Pour ma mère, avoir un fils qui a une usine, c'est extraordinaire ! Elle connaît l'usine : c'est là qu'a travaillé mon père. Il est même mort à l'usine. L'usine, c'est un facteur de promotion sociale. Dans l'usine, il y a le chef, le grand patron. Avoir un fils patron, c'est la plus grande fierté qu'on puisse avoir, l'accomplissement d'une revanche." (Patron d'une usine de confection textile installée dans le Nord, employant 20 femmes salariées issues pour la majorité de l'immigration maghrébine.)

« "Nos parents étaient analphabètes mais ils n'étaient pas bêtes. Je me souviens que mon père, lui étant commerçant, il me disait d'accord je gagne de l'argent mais ce n'est pas facile, je suis tout le temps derrière mon bar et le soir j'ai les pieds gonflés et ça lui faisait très mal, à chaque fois il me les montre sciemment. Voilà ce qui peut t'arriver si tu ne vas pas à l'école. C'est une vengeance pour eux, ils veulent que leurs enfants réussissent, c'était leur seul projet, faire tout pour que leurs enfants réussissent. Et quand tu vois ton père qui se sacrifie pour toi, tu as envie de lui rendre l'ascenseur. Ils nous ont inculqué une certaine rage de gagner et de s'en sortir autrement qu'eux. Ils nous racontaient la souffrance de l'immigré cloîtré dans sa chambre, il ne connaissait personne, et pour changer de stations de métro il comptait discrètement avec ses doigts le nombre de stations entre le lieu de départ et le lieu d'arrivée." [...]

« Or, il existe dans ces mêmes banlieues une véritable rage de réussir et la création d'entreprise constitue un moyen de réaliser une mobilité sociale ascendante à travers un processus de contournement d'un marché du travail de plus en plus "fermé" pour ces populations socialement "étiquetées" et ethniquement marquées. L'objectif [de cette étude] a été de percer le secret d'une réussite, de cerner les facteurs et les conditions d'émergence de chefs d'entreprise d'origine maghrébine en tant qu'acteurs dans l'espace économique et social français.

« Cette volonté, parfois exacerbée, de réussir, de s'intégrer et d'émerger en tant qu'acteur, n'est-elle pas la résultante d'une certaine image de soi – puisée dans le lien avec la famille et par extension avec le pays d'origine – que les populations issues de l'immigration maghrébine opposent aux mécanismes de stigmatisation susceptibles de les maintenir dans un statut social inférieur, comme l'ont été leurs parents et leurs grands-parents ?

« Le postulat de départ selon lequel la stigmatisation et l'étiquetage ne produisent pas que des situations de déviance est ici vérifié. Les entrepreneurs que nous avons rencontrés ont trouvé, malgré la stigmatisation et la discrimination dont ils sont si souvent l'objet, dans la création d'entreprise le moyen de réaliser leur rêve d'ascension sociale et de quête identitaire en refusant de reproduire les positions sociales de leurs parents intellectuellement, socialement et culturellement dominés. [...]

« Entreprendre, c'est aussi le moyen par lequel certains individus tentent de réaliser leur processus d'autonomisation vis-à-vis de leur groupe d'appartenance. Même s'il est difficile de couper définitivement les ponts avec leur communauté, ils entament néanmoins avec elle une phase de négociation où l'entrepreneur tente de prendre ses distances avec le groupe sans pour autant rompre définitivement les liens. [...]

« Au fur et à mesure que se développent leurs entreprises et se diversifient leurs activités, les entrepreneurs issus de l'immigration maghrébine entament avec le pays d'accueil – la France – un autre processus de (re)négociation identitaire où ils constituent d'un point de vue symbolique les artisans de cette recomposition identitaire. Ils ne veulent plus être perçus comme des agents sociaux – mus par la seule logique d'assistanat – reproduisant à l'identique les positions sociales de leurs parents mais comme des figures d'innovation et des artisans d'une mobilité sociale ascendante, elle-même vecteur d'une transaction des statuts sociaux jusqu'ici difficilement négociable pour les immigrés et leurs descendants. »

Ainsi, comme l'a souligné le Haut Conseil à l'intégration dans un avis du 2 juillet 2003, il convient d'« éviter de s'enfermer dans des stéréotypes dépréciatifs ». « Des jeunes issus des quartiers en difficulté et notamment des enfants de l'immigration, réussissent dans les domaines les plus performants, les plus innovants et les plus "nobles" ». Et le HCI de rappeler, à cette occasion, son souhait de promouvoir « la valorisation de toutes les réussites, pas uniquement les réussites liées au diplôme, mais également celles des artisans, des créateurs d'entreprise, des artistes, des sportifs de haut niveau ».

2. L'intégration, une mécanique grippée par les discriminations ?

L'intégration n'est donc pas en panne, et il faut se garder, comme nous y invite le Conseil économique et social, de donner à sa crise des proportions qu'elle n'a pas : « La tendance est de croire que cette crise est récente, liée à la présence d'immigrés plus éloignés culturellement des sociétés d'accueil que ne l'étaient ceux du passé, ou liée au chômage qui serait devenu aujourd'hui une réalité structurelle des sociétés occidentales. Or, une brève analyse rétrospective de l'intégration des immigrés dans les pays où ils sont installés permet de sortir du faux débat qui opposerait un passé où tout fonctionnait bien à un présent où tout se serait mis à dysfonctionner[1]. » Sans doute s'agit-il davantage d'une crise de l'approche caricaturale de l'intégration républicaine, celle de l'idéologie de l'assimilation à tout prix, que de l'intégration réelle des immigrés et des personnes issues de l'immigration.

Pourtant, le diagnostic d'une crise du modèle d'intégration fait l'unanimité, renforcé par les émeutes en banlieue de novembre 2005. Aussi ancien que la politisation de la question de l'immigration, ce diagnostic n'est cependant pas unanime lorsque sont abordées les origines de la crise. Plusieurs thèses sont avancées : l'affaiblissement des vecteurs d'intégration, l'évolution de la structure de l'immigration ou la persistance, voire le développement, des discriminations.

L'AFFAIBLISSEMENT DES VECTEURS D'INTÉGRATION

L'affaiblissement de l'ensemble des « institutions » qui fabriquent le lien social (l'État, la Nation, l'École, l'Armée, le travail, les Églises, les partis politiques et les syndicats), objet d'analyses aussi anciennes que récurrentes, contribue à l'affaiblissement du processus d'intégration.

Compte tenu du rôle qu'elle joue dans l'intégration des « deuxièmes générations », une attention particulière doit être donnée à l'École. Dès les années 1960, l'École est dénoncée, avec Pierre Bourdieu, comme théâtre de rapports de domination, comme vecteur de reproduction sociale (les savoirs des élèves des milieux favorisés constituent autant d'avantages scolaires), impliquant pour les enfants des

---

1. *Les Défis de l'immigration future.*

milieux populaires de subir une acculturation pour pouvoir y réussir. Encore était-ce reconnaître à l'École une certaine efficacité intégratrice pour celles et ceux qui acceptaient de vivre pleinement le processus d'acculturation.

Depuis, l'École a été critiquée, au vu du constat d'une certaine inefficacité dans son rôle d'intégration : l'échec scolaire est ainsi plus important dans les quartiers comportant un fort taux d'enfants issus de l'immigration que dans des zones plus favorisées. La création de structures spécialisées (zones d'éducation prioritaires en 1981) n'a pas permis d'effacer cette différence. Les ZEP, associant territorialisation de l'action publique et volonté de lutter contre l'échec scolaire, sont la première apparition de l'idée de discrimination positive (il s'agit de donner plus de moyens à ceux qui en ont moins). Leur bilan est très mitigé, ne serait-ce que pour avoir « contribué à entériner dans l'imaginaire social l'équation entre enfants issus de l'immigration et échec scolaire [1] ».

C'est sans doute imputer à l'École, à la fois, plus que ce qui lui revient et moins que ce qu'on lui doit. Outre le fait que « la lecture des problèmes scolaires se fait de plus en plus en termes de "handicap socioculturel" dont le traitement ne paraît guère alors relever de l'enceinte scolaire », comme l'appartenance des enfants issus de l'immigration à des milieux défavorisés qui constitue pour tous les enfants un facteur de moins bonne réussite scolaire, « des études récentes tendant à montrer [...] qu'ils ne réussissent pas moins bien, voire qu'ils réussissent mieux, que les élèves français à milieu social et caractéristiques sociales identiques ».

Le chômage et la précarité de l'emploi, qui malmènent les classes populaires, doivent aussi être appréciés comme un des facteurs affaiblissant l'intégration des immigrés, mais également des personnes issues de l'immigration.

Comme nous l'indique l'INSEE, les travailleurs immigrés sont en effet plus affectés par le chômage que les autres actifs. En 1999, les chômeurs immigrés constituent 15 % des chômeurs alors que les immigrés ne représentent que 8,6 % de la population active. Autrement dit, le taux de chômage des immigrés est très supérieur à la moyenne : il

1. Joëlle Perroton, « Le système éducatif. Panorama de quelques questions autour de l'École », in *Cahiers français*, n° 326, mai-juin 2005.

atteint 22 % de la population active immigrée, soit 9 points de plus que le taux de chômage moyen, les femmes immigrées étant particulièrement touchées.

Depuis 1990, le nombre de chômeurs immigrés a crû presque deux fois plus rapidement que le nombre total des chômeurs, le taux de chômage des immigrés passant de 18 % à 22 %. Certes, une partie de la différence du taux de chômage entre immigrés et Français d'origine est due à la structure de qualification des immigrés, moins élevée en moyenne. Mais même à qualification identique, un écart important subsiste et le chômage affecte principalement les ouvriers et les employés immigrés. Le taux de chômage atteint 22 % pour les immigrés employés et 24 % pour ceux qui sont ouvriers ; ces taux sont de 15 % et 16 % pour l'ensemble des employés et ouvriers.

Le diplôme et le niveau d'études protègent peu les immigrés du chômage. Le taux de chômage des immigrés ayant suivi des études supérieures est en moyenne de 16 %, contre 8 % pour l'ensemble des actifs du même niveau. À niveau d'études égal, l'écart entre le taux de chômage moyen des immigrés et celui de l'ensemble des actifs est toujours supérieur à 8 points.

Encore plus troublant, l'INSEE nous signale que tous les immigrés ne sont pas logés à la même enseigne : les immigrés actifs nés dans un pays de l'Union européenne sont beaucoup moins exposés au chômage que les autres, le taux de chômage des immigrés nés en Espagne, en Italie et au Portugal étant même inférieur d'un peu moins de 2 points à la moyenne nationale. Le chômage frappe plus durement les immigrés nés en Asie du Sud-Est (20 % des immigrés actifs), au Maroc et en Algérie et surtout les immigrés actifs nés en Afrique noire ou en Turquie, dont près du tiers sont sans emploi.

L'inégalité face au chômage à niveau de diplôme et d'études identique se double d'une inégalité sur la probabilité de retrouver un emploi, tout comme de fortes disparités dans l'accès à l'emploi pérenne et à temps plein (les immigrés occupent un peu plus souvent que l'ensemble des salariés un emploi temporaire – CDD et emploi intérimaire –, surtout pour les salariés nés en Algérie, au Maroc ou en Afrique anciennement sous administration française, ou en Turquie, et sont également plus souvent employés à temps partiel).

L'analyse territorialisée confirme ces données. Sur les 2 700 000 personnes de 15 à 65 ans qui vivent dans les 751 zones urbaines sensibles que compte le territoire, le taux de chômage était en moyenne sur l'année 2004 de 20,7 %, soit environ le double de la moyenne nationale et de la moyenne des agglomérations ayant une ZUS (10,3 % en 2004), avec des pointes à plus de 30 % dans les ZUS de Noyon (quartier du Mont-Saint-Siméon), Montbéliard (la Petite Hollande), Dreux (Plateau Est et les Bates). Or, « en ZUS, le fait d'être femme, d'être jeune ou immigré expose davantage au risque de chômage : [...] l'évolution du chômage des populations immigrées vivant dans les ZUS contribue largement à l'augmentation de l'écart global de chômage entre ces quartiers et le reste des agglomérations : concernant les immigrés originaires de pays hors de l'Union européenne, le taux de chômage passe de 23 % en 2003 à 26 % en 2004 pour les hommes et de 33 % à 38 % pour les femmes[1] ».

UNE ÉVOLUTION DE LA STRUCTURE DE L'IMMIGRATION QUI RENDRAIT L'INTÉGRATION PLUS DIFFICILE

Plus que le niveau de l'immigration, ce serait l'évolution de sa structure, moins européenne, moins catholique et plus musulmane, plus distante sur le plan culturel, trop proche d'un passé colonial français mal assumé.

Il est souvent affirmé que les populations immigrées sont aujourd'hui plus difficiles à intégrer parce que leur culture est différente (liée en particulier à la pratique de l'islam). Mais, comme on l'a déjà vu, cette grille d'analyse, aussi ancienne que l'immigration, a régulièrement été infirmée par les faits.

Dans la première partie du XXe siècle, les manifestations xénophobes étaient nombreuses contre les couches « non assimilables » qu'étaient alors les Italiens, les Espagnols, ou les Polonais, sans même rappeler le palmarès de l'assimilabilité dressé par Georges Mauco, largement déjoué depuis.

À ce titre, la difficulté que constituerait l'islam est souvent évoquée. Or, c'est là aussi oublier que la France a intégré de nombreux immigrés non catholiques (Arméniens, Juifs d'Europe centrale de l'entre-deux-guerres). Quant aux immigrés catholiques, ils ont parfois été criti-

---

1. Observatoire national des zones urbaines sensibles, Rapport 2005.

qués pour leur manière de vivre leur foi, à l'image des Polonais, accusés notamment de faire venir des prêtres de Pologne.

Autre analyse mettant l'accent sur les spécificités de l'immigration maghrébine et africaine par rapport à l'immigration européenne, pour éclairer les difficultés d'intégration, celle du passé colonial français, qui, mal assumé, continuerait à peser sur les représentations de la « métropole » tout comme des immigrés issus des anciennes colonies.

Ainsi, d'après Pascal Blanchard, « les personnes issues de sociétés qui ont connu l'esclavage, la domination, la colonisation, un droit spécifique, ne viennent pas s'inscrire, comme immaculés, dans le statut d'immigré [1] ».

Et Philippe Bataille, sociologue, d'estimer [2] que cette génération supporterait un fardeau non seulement économique, lié aux difficultés d'accès à l'emploi, mais également politique (soit « le choix de leurs pères que leur reproche la métropole : vous avez voulu l'indépendance, que faites-vous là ? » et racial, « cette idée lancinante qu'un ancien colonisé à qui on a apporté les idées des Lumières, même diplômé de l'enseignement supérieur, ne peut pas être tout à fait l'égal d'un Français "pure baguette". » Thèse confortée par Patrick Simon : « Pour justifier la colonisation, on a construit un discours autour de la supériorité de la civilisation française. Au-delà même du traumatisme de la guerre d'Algérie, persiste ainsi l'idée fondamentale que les Arabes ne sont pas des égaux. Admettre le contraire suppose la remise en cause de préjugés très tenaces [3]. »

LES DISCRIMINATIONS COMME PRINCIPAL FREIN À L'INTÉGRATION DES PERSONNES APPARTENANT AUX MINORITÉS VISIBLES

Dès 1996, Paul Bouchet remettait au Premier ministre le rapport annuel de la Commission nationale consultative des droits de l'homme (CNCDH) qui constatait notamment la banalisation des opinions xénophobes et une recrudescence des actes de violence et d'intimidation à caratère raciste visant les personnes d'origine maghrébine.

Il faut pourtant attendre 1998 pour que la réalité des phénomènes de discriminations raciales et ethniques soit

---

1. Pascal Blanchard, « La France, entre deux immigrations », in *La Fracture coloniale. La société française au prisme de l'héritage colonial*, Paris, La Découverte, 2006.
2. *In* « Raciste l'entreprise ? », *Enjeux-Les Échos*, n° 204, juin 2004.
3. *Op cit.*

officiellement reconnue en France. Le Haut Conseil à l'intégration remet en effet un rapport qui établit pour la première fois dans un document officiel la réalité des discriminations raciales en vigueur dans le logement, l'emploi, les loisirs. Ce rapport appelle à « rompre la loi du silence face à une évolution de nature à saper les fondements mêmes du modèle français d'intégration ».

S'agissant des opinions racistes, un sondage de l'institut CSA en 2006 nous révèle qu'un tiers des Français se déclarent racistes, soit 8 % de plus qu'en 2004, bien qu'ils soient plus nombreux qu'en 2004 pour juger que le racisme doit être réprimé (67 % en 2006 contre 44 % en 2004).

Manifestations quelconques d'une atteinte portée, volontairement ou non, à l'égalité des droits, à l'égalité des conditions de leur exercice, à l'égalité des chances, mais aussi à l'égalité des obligations de chacun et de tous, les discriminations peuvent être directes ou indirectes. Elles entravent l'égal accès à l'emploi, à la santé, au logement, à l'éducation et à la formation, à la culture et aux loisirs, etc.

La discrimination est directe lorsqu'elle utilise un critère prohibé pour fonder une différence de traitement, lorsqu'elle est issue de décisions individuelles intentionnelles. Elle est indirecte lorsqu'elle est issue d'une combinaison de décisions individuelles dépourvues de volonté discriminatoire, ainsi que de mécanismes générant des discriminations bien qu'étant apparemment neutres.

Dix-sept types de discriminations sont reconnus en France, en raison de l'origine, du sexe, de la situation de famille, de l'apparence physique, du patronyme, de l'état de santé, du handicap, des caractéristiques génétiques, des mœurs, de l'orientation sexuelle, de l'âge, des opinions politiques, des convictions religieuses, des activités syndicales, de l'appartenance ou de la non-appartenance, vraie ou supposée, à une ethnie, une nation, une « race ».

Et si les discriminations sont très difficiles à quantifier, faute d'appareil statistique adapté et de difficultés inhérentes à leur observation, « il est aujourd'hui largement reconnu que ce fameux "plafond de verre" qui empêche l'accès égal des enfants de l'immigration à l'emploi, au logement, aux loisirs, et affecte aussi leurs rapports avec des institutions comme la police, ne ressort pas de la nationalité mais plutôt de la visibilité, de la couleur de peau, voire du patronyme[1] ». Ici, il convient de noter que les enjeux s'élargissent aux Français et aux Françaises de couleur issus des DOM, mais également aux harkis.

La France offre de fait un visage pluriethnique. Les minorités visibles (qui regroupent les personnes autres que les autochtones et qui ne sont pas de race blanche ou n'ont pas la peau blanche) en France totalisent plus de 8 millions de personnes, 5 à 6 millions d'entre elles sont françaises, soit environ 10 % de la population.

Étrangers, immigrés et minorités visibles

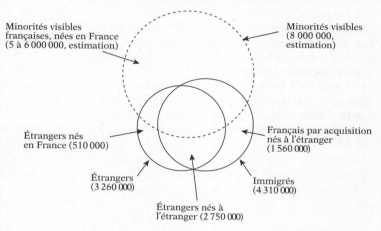

Source : Laurence Méhaignerie/Yazid Sabegh, *op. cit.*

Le groupe constitué par les « Maghrébins » apparaîtrait comme la plus importante des populations d'origine musulmane d'Europe. On peut estimer aujourd'hui à environ 5 à 6 millions, au minimum, le nombre de personnes installées en France originaires du Maghreb, cette population était environ composée de 1,5 million d'étrangers et 3,5 millions de citoyens français dont environ 500 000 harkis et leurs enfants. Par ailleurs, environ 400 000 enfants seraient nés d'un couple mixte dont un des parents est maghrébin. La population noire (« domiens » et africains) représenterait selon les estimations d'Africagora environ 2 millions de per-

1. Yazid Sabeg et Laurence Méhaignerie, *Les Oubliés de l'égalité des chances*, Institut Montaigne, Paris, 2004.

sonnes dont 1,5 million de Français. La population asiatique en France est estimée à environ 500 000 personnes. Selon la définition INSEE du monde asiatique (qui y inclut l'ensemble de l'Asie orientale, Golfe persique, Turquie, etc.), nous pouvons raisonnablement estimer qu'il y a en France environ 1 million de personnes originaires du monde asiatique au sens large.

Déjà, l'analyse des appels reçus au « 114 », un numéro vert contre les discriminations qui visait à recueillir des plaintes, révélait que 74 % des appels sont le fait de Français, appartenant notamment aux « minorités visibles ». L'emploi, la formation et la vie professionnelle étaient de loin le premier motif de plaintes au 114 (34 % des signalements). Éléments corroborés par l'analyse des premiers résultats de la jeune Haute Autorité de lutte contre les discriminations et pour l'égalité (HALDE) : au 28 février 2006, sur les 1 822 réclamations enregistrées, l'emploi apparaît comme le champ d'activité dans lequel le plus grand nombre de réclamations s'expriment (45,3 %) ; l'origine étant le critère principalement mis en avant par les plaignants (39,6 %) [1].

Il est éclairant de s'attarder sur les discriminations dans l'accès à l'emploi et au logement, bien qu'elles n'épuisent nullement le panel des discriminations constatées [2].

• *Les discriminations dans l'accès à l'emploi, plus généralement à l'insertion professionnelle*

Le rapport Fauroux sur la lutte contre les discriminations ethniques dans le domaine de l'emploi (2005) donne « quelques exemples, pour illustrer l'ampleur des discriminations :

– si les écarts de probabilité dans l'accès à l'emploi entre les jeunes d'origine française et ceux d'origine maghrébine oscillent entre 15 et 18 de points de pourcentage, un tiers de cet écart n'est pas justifié par les différences de caractéristiques entre ces deux populations et peut être donc expliqué par la discrimination qui les frappe. En matière

---

1. HALDE, Rapport annuel 2005.
2. Un certain nombre d'enquêtes, commandées par le FASILD, nous indiquent la diversité des champs dans lesquels les discriminations opèrent, de l'accès aux droits sociaux y compris ouverts aux immigrés en situation irrégulière comme l'aide médicale d'État, l'accès aux lieux de culte, ou encore aux lieux de sépulture.

d'accès à un CDI, la différence inexpliquée s'élève pour les hommes maghrébins à 44 % ;

– un homme qui porte un prénom et un nom maghrébin, résidant à Paris, d'apparence standard, a 5 fois moins de chance qu'un homme aux nom et prénom français, blanc de peau, d'apparence standard, d'obtenir une convocation à un entretien d'embauche après envoi d'un CV similaire ;

– une candidate d'origine maghrébine, disposant pourtant d'un meilleur CV (majore de promotion, expérience d'encadrement...), reçoit 3 fois moins de convocations à un entretien pour un poste de commercial que les candidats de référence, d'âge équivalent, blancs de peau. Pour cette candidate, 8 % de ces réponses concernent un poste à Paris alors que la proportion de propositions sur Paris s'établit à 25 % pour les candidats de référence !

– une partie des affaires de discriminations à l'embauche ayant donné lieu à contentieux est révélée par le recours mal dissimulé au code BBR (bleu, blanc, rouge)[1], dont l'existence même et l'utilisation partagée ne manquent pas d'interroger sur la généralisation des phénomènes de discriminations et la faible prise de conscience des interdits en la matière ;

– des agences d'intérim avaient créé des fichiers informatiques pour répertorier les personnes d'origine étrangère afin de mieux satisfaire les clients qui n'en voulaient pas dans leurs effectifs ou seulement dans de faibles proportions ; le refus de répondre à ce type d'injonction a conduit une agence d'intérim à perdre les deux tiers de son chiffre d'affaires ;

– des entreprises de prospection par téléphone "invitent" leurs salariés à franciser leur prénom lorsqu'il présente une consonance étrangère ;

– parmi les 30 % d'élèves d'une promotion d'un LEP en échec dans leur recherche de stage, les jeunes issus de l'immigration sont largement surreprésentés ».

Une enquête conduite par l'Observatoire des discriminations de l'université Paris-I[2] confirme l'ampleur des discriminations à l'embauche. Les chercheurs, dans le cadre d'un

---

1. Il s'agit d'un code qui serait utilisé par certains recruteurs, notamment dans le cadre d'échanges entre employeurs et agences d'intérim, afin de ne pas afficher clairement leur préférence pour le choix de candidats qui « n'aient pas l'air étrangers ou d'origines étrangères ».
2. Citée in *Ni quota, ni indifférence. L'entreprise et l'égalité positive*, de Laurent Blivet, Paris, Institut Montaigne, 2004.

testing [1], ont répondu à 258 annonces d'emploi en utilisant des CV types de manière à estimer l'impact de certains paramètres sur les chances d'obtenir un entretien. Alors que le candidat de référence, homme, résidant à Paris, aux nom et prénom « traditionnels », est convoqué à 75 entretiens, un candidat homme, résidant au même endroit, avec un CV identique, mais avec un nom et un prénom dénotant une origine maghrébine, est convoqué à 14 entretiens d'embauche seulement. Seul le handicap constitue un facteur discriminant encore plus puissant.

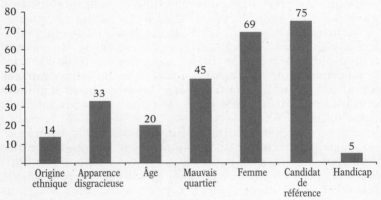

Total des réponses positives reçues selon la variable étudiée

Source : Cergors – Observatoire des discriminations.

• *Les discriminations dans l'accès au logement au parcours résidentiel*

Au-delà des cas manifestes de discriminations directes, parfois jugés par les tribunaux, le secteur du logement social est le théâtre de discriminations raciales et ethniques indirectes, conséquence d'une volonté d'assurer une forme de mixité sociale dans le parc social, de privilégier ses « ressortissants » (communes souhaitant privilégier « ses » habi-

---

1. Il s'agit d'une pratique surtout utilisée par les associations mais également les chercheurs, pour mettre en évidence une discrimination. Elle consiste par exemple, en réponse à une offre d'emploi, à envoyer deux CV fictifs presque identiques, sauf la variable à tester (l'origine, le sexe, l'âge, etc.). On peut ainsi tenter d'établir un lien entre réponse négative et ces variables. Cette pratique s'applique aussi à l'entrée dans les discothèques ou aux services offerts par les agences immobilières.

tants, entreprises souhaitant privilégier, dans le cadre du 1 % logement, leurs salariés), ou encore, pour certains organismes HLM, d'éviter la dévalorisation de leur patrimoine qu'entraînerait à une trop forte présence d'« étrangers ».

S'agissant du parc de logement privé, une enquête[1] nous alerte sur la réalité des discriminations perçues par les classes moyennes d'origine étrangère, possédant un niveau de revenus suffisant pour échapper aux stigmatisations primaires. Outre la volonté d'intégration ou d'indifférenciation sociale chez les enquêtés, dans le choix d'un logement dans le parc locatif privé, l'étude révèle l'importance de la discrimination indirecte ou qui s'exerce à travers l'exigence de cautions.

Plus globalement, l'accès au logement des immigrés, tout comme le déroulement des parcours résidentiels participent d'un mouvement plus large de ségrégations urbaines, spatiales ou éducatives. Lieux où se territorialise la question sociale de concentration des populations immigrées[2], les cités de banlieues françaises ne sont pas les seuls espaces à composer le « ghetto français ». Elles seraient d'ailleurs plutôt les victimes de fuites « séparatistes » des plus favorisés, de stratégies d'évitement de tous vis-à-vis de tous, des tendances à « l'entre soi » décrites par Éric Maurin[3].

Or, pour celles et ceux qui ne peuvent ou ne veulent quitter des espaces qui ne sont pas seulement, il convient néanmoins de le souligner, des lieux de relégation[4], la ségrégation urbaine peut générer des effets cumulatifs : « les individus

---

1. F. Chignier-Riboulon, F. et H. Belmessous et L. Chebbah-Malicet, *Les Discriminations quant à l'accès au logement locatif privé des catégories sociales moyennes étrangères ou perçues comme étrangères : une étude à partir des quartiers lyonnais et parisiens*, Études FASILD, 2001.
2. Le recensement de 1999 met en évidence, pour les seuls immigrés (au sens statistique du terme), que 60 % d'entre eux se concentrent dans seulement trois régions (Île-de-France, Rhône-Alpes, PACA), qu'un habitant sur six à Paris et un sur cinq en Seine-Saint-Denis sont immigrés, que 50 % des habitants de Bobigny, Montreuil et Aubervilliers sont étrangers, que dans certains quartiers (aux Mureaux, au Val-Fourré, à Trappes ou aux Minguettes) les trois quarts des résidents, voire davantage, sont d'origine maghrébine ou africaine. La part des étrangers dans la population, qui est en moyenne nationale de 5,6 %, est nettement plus forte dans les ZUS (16,5 %).
3. É. Maurin, *Le Ghetto français. Enquête sur le séparatisme social*, Seuil, Paris, 2004.
4. Comme en témoigne l'ouvrage de Anne Dhoquois, *Banlieues créatives en France. 150 actions dans les quartiers. Guide 2007*, Éditions Autrement, Paris, 2006.

acceptent les normes induites par la situation de secteurs considérés : taux de chômage élevé, découragement face à l'inactivité, basse qualité du logement, faible niveau de scolarité, voire constitution d'un sentiment commun de rejet. Ces situations sociales produisent des comportements individuels qui, à leur tour, favorisent la discrimination sur le marché du travail, accentuant ainsi l'isolement et la ghettoïsation de ces populations. Le cercle vicieux est bouclé : mauvais accès aux écoles et au logement ; formation de réseaux socioculturels peu porteurs pour l'obtention d'emplois ; et participation croissante à l'économie souterraine. [...] Une forme de vie nouvelle se dessine parfois dans et autour de ces immeubles, une véritable "culture de cité" avec ses formes d'expression particulières, son argot ou sa musique, ses refus et ses oppositions internes, oppositions entre générations plus qu'entre groupes d'origine différente. Avec ses violences aussi, qui s'expriment parfois sous forme d'explosions difficilement contrôlables [1] ».

À la ségrégation urbaine s'ajoute une ségrégation scolaire, liée à la sectorisation scolaire, d'autant plus importante qu'elle révèle, là aussi, des stratégies d'évitement à portée discriminatoire : « le contournement de la carte scolaire joue donc un rôle de renforcement des disparités entre établissements, et de ce point de vue, le souci d'éviter un certain type de public rejoint souvent les préoccupations de niveau scolaire pour les parents [2] ».

Le sentiment d'appartenance à la République française est donc mis à mal par des discriminations persistantes, que ce soit dans l'accès au logement ou à l'emploi, et même au sein de l'entreprise. Celles-ci jettent le doute sur la capacité de la République à tenir ses promesses méritocratiques, et sur l'efficacité des investissements individuels, familiaux et collectifs censés assurer reconnaissance et ascension sociales pour prix des efforts consentis. Elles contribuent enfin à la montée des réflexes identitaires, communautaires et des violences.

Le repli communautaire peut en effet s'analyser comme une volonté de se protéger des discriminations. Comme

---

1. Cour des comptes, *L'Accueil des immigrants et l'Intégration des populations issues de l'immigration*, Rapport au président de la République, Paris, 2004.
2. Joëlle Perroton, « Le système éducatif. Panorama de quelques questions autour de l'École », in *Cahiers français*, n° 326, mai-juin 2005.

nous le rappelle Philippe Bataille, « le modèle communautaire, qu'on ne remet d'ailleurs pas en cause pour les Asiatiques, est en effet un modèle d'arrivée utilisé pour se protéger des discriminations. Il s'étiole et se "folklorise" à mesure que les individus s'échappent de la communauté pour se fondre dans leur nouveau pays [1] ». Il suffit de visiter Little Italy à New York pour mesurer ce processus.

Pour le sociologue, « les tentations communautaristes actuelles constitueraient donc une réponse tardive et décalée à l'échec de l'intégration républicaine. Elles sont d'autant plus dangereuses que cette fameuse culture de communauté n'a pas été transmise par les parents et se reconstruit "autour d'un trou de mémoire de quarante ans" sur des inventions folles, comme l'islamisme, et totalement étrangères à l'histoire de leur immigration ».

Deux extraits d'un ouvrage récent permettent d'apprécier en termes littéraires les mécanismes à l'œuvre :

« Vous n'avez pas compris que vous êtes responsables. Vous n'avez pas compris qu'en voyant la souffrance de nos parents, nous nous sommes retournés contre vous et que, malheureusement, nous avons rejeté vos principes, vos valeurs, vos traditions, votre peuple, votre culture. Les pauvres ont du mal avec la culture, ils la croient bourgeoise, ils se raccrochent aux objets brillants, rutilants. Certains d'entre nous ont pris le chemin de la mosquée, le chemin de la religion. Vous n'imaginez pas combien la religion sait coller les morceaux épars et maintenir l'illusion de la cohérence, l'illusion de l'unité [2]. »

« Avez-vous constaté combien nous aimons nous faire remarquer ? Nous ne le faisons pas toujours exprès. C'est vrai, parfois on abuse. On fait exprès pour vous faire chier. Pour faire chier le monde. On crie. On fume du shit, de l'herbe ou on fume tout court dans les métros, au fond du bus. On fout la musique à fond. On s'en branle complètement de votre point de vue. Au contraire, plus vous contesterez, plus on se sentira agressés et plus on vous demandera ce que vous avez, si vous avez un problème, parce que si vous avez un problème, vous allez nous trouver. On cherche juste à se faire remarquer. Simplement parce que nous

---

1. *In* « Raciste l'entreprise ? » *Enjeux-Les Échos*, n° 203, juin 2004.
2. Ahmed Djouder, *Désintégration*, Stock, Paris, 2006.

souffrons de manque d'attention depuis longtemps. C'est élémentaire. Nous cherchons à attirer votre attention. Comme des enfants hyperactifs. Il y a un message derrière. Le saisissez-vous [1] ? »

Il y a donc une réalité socioéconomique, aiguisée par les phénomènes de discriminations dont pâtissent les personnes appartenant aux minorités visibles, qui explique les difficultés de l'intégration, bien que celle-ci ne soit pas en panne. Si l'intégration implique des efforts combinés des individus concernés et de la société d'accueil, l'altération de la mécanique de l'intégration à la française est davantage imputable à la société d'accueil, porteuse de discriminations, qu'aux impétrants, dont il faut ici rappeler qu'ils sont, en grande partie, français.

Cette analyse a prévalu dans la refonte de la politique d'intégration, qui entend peser sur les déterminants socioéconomiques, tout en confortant la lutte contre les discriminations, sans pour autant remettre en cause la tradition républicaine d'intégration individuelle.

---

1. *Ibib.*

IV

Une politique d'intégration refondée mais encore hésitante

1. La multiplication des initiatives privées

De nombreuses initiatives privées concourent au processus d'intégration, ne serait-ce que par l'amélioration des connaissances sur les immigrations que la France a connues. La collection des Éditions Autrement dirigée par Pierre Milza et Émile Temime « Français d'ailleurs, peuple d'ici » sur les lieux de mémoire de l'immigration, ou encore l'Exposition « Toute la France » organisée par la Bibliothèque de documentation internationale contemporaine en 1998, se sont notamment inscrites dans ces perspectives.

GRANDES ÉCOLES ET LUTTE CONTRE LES DISCRIMINATIONS : LE CAVALIER (DE MOINS EN MOINS SEUL) DE SCIENCES-PO

Certains établissements d'enseignement supérieur se sont également résolument inscrits dans cette dynamique. Sciences-Po a ainsi inauguré en 2001, non sans quelques polémiques initiales, une nouvelle voie d'accès reposant sur des conventions d'éducation prioritaire signées avec un certain nombre de lycées situés en zones d'éducation prioritaire. Ces conventions permettent à quelques dizaines d'élèves issus de zones défavorisées d'entrer à l'IEP par un concours spécifique. Sélectionnés en fonction de leur potentiel et non sur des critères raciaux, religieux ou de sexe, ces élèves n'ont pas vocation à nourrir un quota (le nombre de places accessibles au concours « classique » reste inchangé) mais à se surajouter aux autres élèves. Outre l'effet sur les élèves bénéficiaires (ils sont une centaine à avoir ainsi pu accéder à une des meilleures écoles françaises), les témoignages sont aujourd'hui très positifs : « Aujourd'hui, les élèves savent ce qu'est Sciences-Po, constatait en 2004 le proviseur du lycée Auguste-Blanqui de Saint-Ouen. [...] L'initiative a aussi créé une dynamique positive dans l'établissement : les mentions au bac sont plus nombreuses, les élèves s'orientent davantage en classe prépa. Peu après la signature du partenariat avec Sciences-Po, Auguste-Blanqui a créé une hypokhâgne et une khâgne qui comptent aujourd'hui une vingtaine d'élèves[1]. »

Au vu de ses résultats et de la compatibilité de ce dispositif avec les principes républicains, puisque les critères sont uniquement sociaux et fondés sur le mérite, sans que des quotas soient mis en place, cette initiative devrait utilement essaimer dans tous les lycées en ZEP et toutes les grandes écoles françaises.

L'École nationale supérieure des arts et métiers (ENSAM) a d'ailleurs emboîté le pas à Sciences-Po, en mettant en place une procédure similaire pour des élèves de lycées classés en ZEP (élèves de terminale préparant un baccalauréat scientifique, technologique ou professionnel et dont les parents ont des revenus faibles).

Dans ce contexte, en janvier 2005, trois ministres et les représentants de la Conférence des présidents d'universités, de la Conférence des grandes écoles et de la Conférence des directeurs d'école et de formation d'ingénieurs ont signé une Charte pour l'égalité des chances dans l'accès aux formations d'excellence destinée à inciter les lycéens scolarisés en ZEP à s'orienter vers des études longues, essentiellement par des actions de sensibilisation.

ENTREPRISES ET ÉGALITÉ DES DROITS : LA DIVERSITÉ COMME POLITIQUE COMMERCIALE ?

Le monde de l'entreprise s'est également approprié la problématique de la lutte contre les discriminations, non seulement en contribuant à la réflexion (par exemple avec le rapport Bébéar recommandant notamment le CV anonyme), mais également et surtout en développant des initiatives concrètes, qui associent directions d'entreprises et partenaires sociaux.

Les signatures de chartes de la diversité se sont ainsi multipliées (d'après le gouvernement, on en dénombrait

---

1. *In* « Raciste l'entreprise ? » *Enjeux-Les Échos*, n° 203, juin 2004.

500 en juin 2006, 1 800 en novembre 2006), même s'il faut parfois déplorer que les déclarations d'intentions formulées par les directions des entreprises signataires aient du mal à se traduire dans la réalité des processus décisionnels.

La grande majorité des organisations syndicales représentatives ont pour leur part signé en 2005 une « charte syndicale pour l'égalité de traitement, la non discrimination et la diversité » qui appelle à la mobilisation et à la conclusion d'accords collectifs au sein des entreprises. Le monde syndical ne cache pas sa difficulté à diffuser ce message auprès de leurs militants et adhérents, l'attachement à la préférence familiale pour de nombreuses embauches en témoignant aisément.

Un accord national interprofessionnel relatif à la diversité dans l'entreprise a en outre été conclu le 12 octobre 2006 par cinq syndicats de salariés et trois organisations patronales. Il crée un nouveau droit d'information ouvert aux institutions représentatives du personnel sur les procédures de recrutement et les procédures d'évaluation mises en œuvre dans les entreprises.

Le recours de plus en plus fréquent au CV anonyme, présenté comme un moyen de lutter contre les discriminations à l'embauche, souligne également cette préoccupation croissante. Le CV anonyme s'impose aujourd'hui dans un certain nombre de grandes entreprises, comme Axa et PSA Peugeot Citroën.

L'inspiration n'est certes pas totalement désintéressée : chez BNP Paribas, où la pratique sera instaurée le 1er janvier 2007 pour tous les CV reçus par Internet (80 % du total), il s'agit avant tout d'une question « d'image » par rapport aux candidats qu'on souhaite attirer, explique à Reuters Sofia Merlo, responsable de la gestion des carrières [1].

« Nous avons absolument besoin d'avoir des commerciaux qui ressemblent aux clients que nous avons en portefeuille ou que l'on souhaite avoir », déclare Éric Lemaire, directeur de la communication d'Axa France.

On reconnaît néanmoins chez PSA Peugeot Citroën qu'« il faut plus un changement culturel que des outils ». Le groupe PSA a testé l'anonymat entre mars 2005 et mai 2006 pour les CV d'ingénieurs, cadres et agents de maîtrise reçus par mail et a décidé de l'étendre désormais à tous les CV reçus

---

1. Citée *in* « Le CV anonyme se faufile dans l'entreprise », Reuters, 22 octobre 2006.

par Internet. Le constructeur automobile s'est aperçu que les origines de ses managers étaient moins diversifiées que celles de ses ouvriers. « On a revu tous les processus de ressources humaines, y compris les règlements intérieurs sur les sites avec introduction de sanctions pour les propos discriminants », explique-t-on. Avec quelques résultats : « après neuf mois de test, les taux de recrutement de personnes pouvant être discriminées sont légèrement supérieurs », indique-t-on sans donner de chiffres précis, la loi française n'autorisant pas l'établissement de statistiques à partir des origines ethniques ou sociales des recrutés.

Les PME ne sont pas en reste : Chez NorSys, PME informatique de 170 personnes de la région lilloise, la pratique a été mise en place en janvier 2006 pour toutes les candidatures sans exception. Depuis, « la population féminine recrutée a augmenté de 5 %, les plus de 40 ans sont plus nombreux, de même que les minorités visibles », indique Sylvain Breuzard. Sa motivation ? L'entreprise doit avoir à la fois une finalité économique et une finalité sociale. Les lourdeurs administratives ? Il suffit de « 15 à 30 secondes » par CV, soit « trois minutes » par jour.

Le recours au CV anonyme participe en effet de la volonté de ne pas surévaluer les diplômes et la « culture générale », telle qu'elle s'exprime dans les lettres de motivation et la présentation sophistiquée des CV. Au contraire, l'examen objectif des compétences ou des « habiletés », tel que l'ANPE l'expérimente, favorise la diversité. L'anonymat joue d'ailleurs un rôle intéressant dans les relations dites de confiance entre l'ANPE ou des cabinets de recrutement, d'une part, et des entreprises ou des groupements d'entreprises, d'autre part, les premiers assurant dans un premier stade la sélection objective des candidats pour le compte des seconds qui s'engagent à les convier à un entretien quels que soient leur nom, leur origine ou leur faciès.

2. De l'égalité des droits à la discrimination positive ?

En 1989, le Haut Conseil à l'intégration est créé. Il a pour mission « de donner son avis et de faire toute proposition utile, à la demande du Premier ministre ou du Comité interministériel à l'intégration, sur l'ensemble des questions relatives à l'intégration des résidents étrangers ou d'origine étrangère. Il élabore chaque année un rapport qu'il remet au Premier ministre ».

Le comité interministériel à l'intégration ne s'était plus réuni depuis 1990, jusqu'au 10 avril 2003, date à laquelle le gouvernement entend se doter d'une stratégie affirmée d'intégration, en 55 mesures, afin, notamment, de réparer « l'ascenseur social républicain », en assurant les conditions d'une promotion sociale et professionnelle.

UNE POLITIQUE PUBLIQUE VISANT LE RÉTABLISSEMENT DE L'ÉGALITÉ DES DROITS

Plusieurs axes sont dégagés :

• *Construire des parcours d'intégration pour les nouveaux migrants*

L'objectif est de créer les conditions d'un accueil digne de ce nom pour les étrangers venant légalement s'établir durablement, en vue de faciliter leur intégration dans la République française, par la mise en place d'un véritable service public.

Ce service public serait confié à un nouvel organisme, l'Agence française de l'accueil et des migrations internationales (AFAMI), créé à partir de l'Office des migrations internationales et des services sociaux spécialisés missionnés par l'État, susceptible d'agir sur tout le territoire. Mais puisque l'intégration doit être une volonté partagée, ce service doit pouvoir proposer à chaque nouvel arrivant un contrat d'accueil et d'intégration.

Ce contrat, proposé personnellement à chaque nouvel arrivant, d'abord dans une approche expérimentale, répond à une logique de droits et de devoirs. Ce document, dûment signé, formalisera les engagements des pouvoirs publics d'un côté, des nouveaux arrivants de l'autre, de mettre tout en œuvre en vue de l'intégration. Il vise donc notamment à favoriser la maîtrise de la langue française, par l'accès à une formation adaptée, ainsi que l'accès à une formation à caractère civique destinée à améliorer la connaissance du droit des personnes, des institutions du pays et des valeurs de la République française.

Une attention particulière doit être portée aux familles, en termes d'accès aux droits et de soutien linguistique, notamment par un renforcement des classes spécifiques de l'Éducation nationale.

L'aboutissement naturel du parcours est l'acquisition de la nationalité française. Les procédures de naturalisation doivent d'ailleurs être accélérées.

- *Encourager la promotion sociale et professionnelle individuelle*

Il s'agit de renforcer l'intégration républicaine, étant entendu que « la réalisation des promesses du pacte républicain passe par l'éducation et l'emploi ».

L'école de la République doit être confortée dans cette perspective, par l'accompagnement des enseignants, l'adaptation éventuelle du contenu des enseignements, la « remise en perspective de la mission civique de l'école et la valorisation des actions de citoyenneté en direction de la jeunesse, sans négliger la dimension intégratrice essentielle de la pratique sportive » (laquelle devra également insister sur les problématiques d'égalité homme-femme), la prévention des ruptures scolaires et éducatives, la rénovation de l'information et de l'orientation offertes aux élèves.

La formation professionnelle continue est jugée comme devant participer de la même ambition, laquelle doit également permettre d'assurer la maîtrise de la langue française, tout comme la préparation aux concours administratifs.

Toujours selon la stratégie gouvernementale d'intégration, le monde du travail doit, quant à lui, permettre l'égal épanouissement de tous, par des actions résolues contre le surchômage et les éventuelles pratiques discriminatoires, au sein du service public de l'emploi, des entreprises, par une mobilisation des acteurs socio-économiques (responsables d'entreprises, partenaires sociaux et associatifs), mais aussi en favorisant la création d'entreprises par les personnes issues de l'immigration.

Les pouvoirs publics entendent également agir sur les représentations dans la perspective d'un renforcement de l'intégration. Cela doit passer, d'une part, par l'accomplissement d'un travail de mémoire destiné à reconnaître ce que la France doit aux immigrations, notamment avec la mise en place d'un lieu de mémoire, et, d'autre part, par l'illustration, notamment dans l'audiovisuel, de la société française dans sa diversité.

- *Agir contre les intolérances pour l'égalité des droits*

Il s'agit de renforcer la lutte contre le racisme et l'anti-sémitisme, plus généralement contre toutes les discriminations, par le développement de la prévention et le renforcement des sanctions.

Le renforcement de la prévention, au niveau local, implique la relance des commissions départementales d'accès à la citoyenneté (CODAC), dans le but de favoriser la mise en cohérence des initiatives publiques et privées au niveau local. Créées en 1999 pour identifier les cas de discrimination dans les domaines de l'emploi, du logement, de l'accès aux services publics et des loisirs et formuler des propositions de nature à favoriser l'intégration des jeunes issus de l'immigration, ces commissions assuraient depuis le printemps 2000 la gestion du numéro d'appel téléphonique gratuit le 114, dont le bilan est jugé mitigé. La formation des agents chargés de l'accueil dans les services publics (préfectures et service public de l'emploi en priorité) contribuera également à la prévention des discriminations.

La réponse aux faits signalés de rupture d'égalité ou de discriminations, ou qui sont ressentis comme tels, passe par la création d'une autorité administrative indépendante, habilitée à intervenir contre toutes les formes de discriminations, mais également par des sanctions pénales à l'encontre des discriminations, qu'elles se manifestent ou non à l'occasion d'atteintes volontaires à la personne et aux biens.

Le dispositif de lutte contre les discriminations repose donc essentiellement sur la loi du 30 décembre 2004 qui réaffirme le devoir d'égalité de traitement entre les personnes, sans distinction d'origine, en ces termes : « En matière de protection sociale, de santé, d'avantages sociaux, d'éducation, d'accès aux biens et services, de fournitures de biens et services, d'affiliation et d'engagement dans une organisation syndicale ou professionnelle, y compris d'avantages procurés par elle, ainsi que d'accès à l'emploi, d'emploi et de travail indépendants ou non salariés, chacun a droit à un traitement égal, quelles que soient son origine nationale, son appartenance ou non-appartenance vraie ou supposée à une ethnie ou une race. »

Cette disposition complète l'arsenal législatif (article L. 122-45 du code du travail) en élargissant son champ aux non-salariés ainsi qu'à toutes les catégories de discriminations, notamment les « discriminations indirectes » qui peuvent, par exemple, résulter de pratiques d'entreprises dépourvues de volonté de nuire, ou même d'un biais de prise en charge de la part des services publics.

Les articles 225-2 et suivants du code pénal sont désormais ainsi rédigés :

La discrimination définie à l'article 225-1, commise à l'égard d'une personne physique ou morale, est punie de trois ans d'emprisonnement et de 45 000 euros d'amende lorsqu'elle consiste :

1°. À refuser la fourniture d'un bien ou d'un service ;

2°. À entraver l'exercice normal d'une activité économique quelconque ;

3°. À refuser d'embaucher, à sanctionner ou à licencier une personne ;

4°. À subordonner la fourniture d'un bien ou d'un service à une condition fondée sur l'un des éléments visés à l'article 225-1 ;

5°. À subordonner une offre d'emploi, une demande de stage ou une période de formation en entreprise à une condition fondée sur l'un des éléments visés à l'article 225-1 ;

6°. À refuser d'accepter une personne à l'un des stages visés par le 2° de l'article L. 412-8 du code de la sécurité sociale. Lorsque le refus discriminatoire prévu au 1° est commis dans un lieu accueillant du public ou aux fins d'en interdire l'accès, les peines sont portées à cinq ans d'emprisonnement et à 75 000 euros d'amende.

Sur le fondement de ce plan d'action, annoncé en 2003, plusieurs décisions ont depuis été prises.

• *La refonte des conditions d'accueil des étrangers*

La loi de programmation pour la cohésion sociale du 18 janvier 2005 a prévu la création d'une Agence nationale de l'accueil des étrangers et des migrations (ANAEM) qui doit constituer un grand service public d'accueil regroupant les compétences de l'Office de migrations internationales (OMI) et du service social d'aide aux émigrants (SSAE), tout en donnant une base légale au contrat d'accueil et d'intégration (CAI) qui est généralisé à l'issue de son expérimentation débutée dans certains départements depuis le 1er juillet 2003.

Selon le rapport du Haut Conseil à l'intégration 2002-2005, à la date du 31 décembre 2004, 45 640 personnes primo-immigrantes avaient signé un contrat d'accueil et d'intégration : le taux d'adhésion global a évolué passant de 87,1 % en 2003 à 90,4 % en 2004. Plus de 150 nationalités sont représentées parmi les signataires. L'âge moyen des signataires est de 31,6 ans. 52 % sont des femmes, près de 60 % des signataires du CAI déclarent être entrés en France l'année de la signature ou l'année précédente.

Le taux d'adhésion des personnes nouvellement entrées est de 89 % pour les personnes entrées en 2004 et de 88 % pour celles entrées en 2003.

Plus du tiers (66 %) des signataires du CAI sont capables de communiquer de manière correcte en langue française. Ils se voient alors délivrer une attestation ministérielle de compétences linguistiques. Les signataires qui ont une « communication difficile » représentent 20 % de l'effectif total et ceux qui ont une « communication impossible » représentent 13 %. Une formation en langue française est alors proposée à ces deux catégories de signataires.

La signature du contrat d'accueil et d'intégration implique de suivre la formation civique (FCI). À cela s'ajoutent d'autres prestations qui ne présentent pas un caractère obligatoire : la formation linguistique (FLI), la journée d'information sur la vie en France (JVF) et le suivi social (ASO).

Ainsi, afin de faciliter l'intégration des personnes admises en France en vue d'une installation durable, l'ANAEM met en œuvre le contrat d'accueil et d'intégration (CAI). Ce contrat concrétise la volonté du primo-arrivant d'adhérer aux principes républicains, et lui permet d'accéder à différentes prestations. L'adhésion au CAI sera prise en considération lors des procédures d'obtention par les étrangers d'un titre de séjour de longue durée. La signature d'un contrat d'accueil et d'intégration est rendue obligatoire par la loi relative à l'immigration et à l'intégration du 26 juillet 2006 pour tout candidat à l'immigration pour motifs de vie privée et familiale.

• *La reconnaissance du rôle de l'immigration dans l'histoire française*

Concernant le lieu de mémoire sur l'immigration, après, d'une part, la remise au Premier ministre en 2001 du rapport sur la création d'un lieu de rencontres et de mémoires consacré à l'immigration élaboré par Driss El Yazami, délégué général de l'association Générique et vice-président de la Ligue des droits de l'homme, et Rémy Schwartz, maître des requêtes au Conseil d'État, d'autre part, en 2003, la mission confiée à Jacques Toubon de préparer la création d'un centre de ressources et de mémoire de l'immigration, il devrait ouvrir en 2007, sous la forme d'une « Cité nationale de l'histoire de l'immigration ».

Celle-ci remplira une fonction non seulement muséographique (une exposition permanente et diverses manifestations temporaires seront offertes au grand public), mais également de pôle de documentation qui aidera les chercheurs et les acteurs de l'intégration à parfaire leur connaissance des phénomènes migratoires et de l'intégration.

• *Le renforcement de la lutte contre les discriminations*

La loi du 30 décembre 2004 a pour sa part créé la Haute Autorité de lutte contre les discriminations et pour l'égalité (HALDE) sous la forme d'une autorité administrative indépendante, mise en place effectivement en mars 2005. Elle est compétente pour connaître toutes les discriminations, directes ou indirectes, prohibées par la loi ou par un engagement international auquel la France est partie prenante. Elle doit également mener des actions de communication et d'information propres à assurer la promotion de l'égalité.

Présidée par Louis Schweitzer, ancien directeur de cabinet de Laurent Fabius lorsque celui-ci était ministre du Budget puis Premier ministre, ancien P-DG de Renault et actuel président de son conseil d'administration et président d'honneur du Medef international, la HALDE dispose d'un collège de 11 membres issus d'horizons divers [1], désignés par le président de la République, le président du Sénat, le président de l'Assemblée nationale, le Premier ministre, le vice-président du Conseil d'État, le premier président de la Cour de cassation, le président du Conseil éco-

---

1. Outre L. Schweitzer, le collège regroupe Mme Fadala Amara (présidente de l'association Ni putes Ni soumises), Mme Marie-Thérèse Boisseau (ancien ministre, vice-présidente du Haut Conseil de la population et de la famille), Mme Cathy Kopp (directrice des ressources humaines du groupe Accor), Mme Nicole Notat (présidente-directrice générale de Vigeo, ancienne secrétaire générale de la CFDT), Alain Bauer (criminologue, président de l'Observatoire national de la délinquance), M. Jean-Michel Belorgey (président de section au Conseil d'État, président du Comité européen des droits sociaux, ancien parlementaire), M. Bernard Challe (magistrat, conseiller à la Cour de cassation, ancien procureur général près la cour d'appel de Rouen), Amar Dib (sociologue, président national de la Fédération des clubs convergences, administrateur de l'Agence nationale de l'accueil des étrangers et des migrations). M. Marc Gentilini (professeur émérite de médecine, membre du Conseil économique et social, ancien président de la Croix-Rouge française), M. Claude-Valentin Marie (ancien directeur du groupe d'étude et de lutte contre les discriminations, membre du Comité pour la mémoire de l'esclavage).

nomique et social, qui décide des suites à donner aux réclamations, peut se saisir d'office de faits de discrimination et formule les recommandations.

La saisine de la HALDE est aisée : elle peut être saisie par lettre simple par toute personne qui s'estime victime d'une discrimination, soit directement, soit par l'intermédiaire d'un parlementaire. Elle peut également être saisie conjointement par la victime et une association régulièrement déclarée depuis au moins cinq ans à la date des faits, dont l'objet est de combattre les discriminations ou d'assister les victimes. La saisine est gratuite. La HALDE dispose également d'une possibilité d'auto-saisine pour les cas de discrimination directe ou indirecte dont elle a connaissance sous réserve que la victime, lorsqu'elle est identifiée, ait été avertie et qu'elle ne s'y soit pas opposée.

La loi pour l'égalité des chances du 31 mars 2006 a créé en outre l'Agence nationale pour la cohésion sociale et l'égalité des chances, sous la forme d'un établissement public national, présidée par Mme Alix de la Bretesche. Reprenant les missions du FASILD, elle est destinée à contribuer à des actions en faveur des personnes rencontrant des difficultés d'insertion sociale ou professionnelle. Elle doit notamment mettre en œuvre des actions visant à l'intégration des populations immigrées et issues de l'immigration résidant en France, et concourir à la lutte contre les discriminations.

Elle sera donc amenée à apporter un concours aux collectivités territoriales, aux établissements publics de coopération intercommunale compétents et aux organismes publics ou privés, notamment les associations, qui conduisent des opérations concourant à ces objectifs, entre autres dans le cadre des contrats passés entre les collectivités territoriales et l'État pour la mise en œuvre d'actions en faveur des quartiers prioritaires de la politique de la ville.

En revanche, en dépit du principe posé par la loi sur l'égalité des chances du 31 mars 2006, adoptée après la crise des banlieues de l'automne 2005, le gouvernement a finalement renoncé à imposer le CV anonyme.

Sa généralisation se heurte en effet à de nombreuses réticences, notamment syndicales. Pour Pascale Coton, vice-présidente de la CFTC, et Alain Lecanu, secrétaire national CFE-CGC, le CV anonyme ne peut pas être « la panacée ». Il permet certes de passer le premier barrage à l'embauche – obtenir un entretien – mais il ne règle en rien les préjugés qui vont resurgir une fois le demandeur d'emploi devant le recruteur, estiment-ils. D'où la nécessité de former les chefs d'équipe, les recruteurs pour « casser les stéréotypes », souligne Frédérique Bartlett, membre de la commission exécutive confédérale de la CGT. « Là où il y a une vraie démarche, où les entreprises ont cassé les stéréotypes, il n'y a pas besoin de CV anonyme[1]. »

En effet, comme nous le rappelle Adia, numéro 4 français de l'intérim qui s'est fait une spécialité de la lutte contre les exclusions à l'embauche, l'un des principaux obstacles est la « dissonance positive », que le CV anonyme ne résout pas : « Nous sommes tous discriminants, à notre insu. Quand quelqu'un est beau, vous avez tendance à surestimer ses compétences. Quand il est né dans le même village que vous ou quand son parcours est identique au vôtre, vous le jugez sympathique et avez envie de l'aider[2]. » Les formations destinées à apprendre aux recruteurs à privilégier les compétences et non les préjugés sont de nature à lutter contre ce phénomène, tout comme le suivi des pratiques de l'entreprise, y compris par elle-même.

À ce titre, Louis Schweitzer recommande l'auto testing, inspiré d'autres pratiques : « les sociétés ont recours à des clients mystère pour tester la qualité de leurs prestations. Pourquoi ne se testeraient-elles pas elles-mêmes pour savoir ce qui se passe dans leurs murs ? » Et s'il considère que le CV anonyme ne peut être généralisé à toutes les entreprises et à tous les emplois, il estime néanmoins que « la photo peut et doit en revanche être supprimée de tous les CV. Elle n'apporte rien d'autre qu'un élément de discrimination[3] ».

• *La diversité de la société française mise en évidence dans l'audiovisuel*

Imposée par une directive européenne sur les discriminations, qui comporte un volet sur les représentations de la diversité dans l'audiovisuel, celle-ci fait également partie de la stratégie publique. La loi pour l'égalité des chances du 31 mars 2006 confie en ce sens des nouveaux pouvoirs au Conseil supérieur de l'audiovisuel : il doit veiller à ce que la programmation des radios et des télévisions reflète

---

1. Citée dans « Le CV anonyme se faufile dans l'entreprise », Reuters, 22 octobre 2006.
2. *in* « Raciste l'entreprise ? » *Enjeux-Les Échos*, n° 203, juin 2004.
3. Louis Schweitzer, « La France n'est pas en retard dans la lutte contre les discriminations », entretien publié dans *Enjeux-Les Échos*, n° 225, juin 2006.

la diversité de la société française. Le CSA doit en outre rendre compte dans son rapport annuel de l'action des éditeurs dans ce domaine, notamment dans la production des œuvres de fiction. Il aura sans doute l'occasion d'apprécier l'initiative de TF1 qui, dès le 6 mars 2006, annonce la nomination du journaliste noir d'origine martiniquaise, Harry Roselmack, au poste de « joker » remplaçant Patrick Poivre d'Arvor durant ses congés d'été.

LE DÉBAT SUR LA DISCRIMINATION POSITIVE

Le choix des pouvoirs publics s'inscrit ainsi dans la tradition républicaine d'intégration, puisqu'il mêle ouverture de la France à l'égard de l'immigration régulière, accès préservé à la nationalité française, certes sous réserve d'une manifestation de volonté, action en faveur de l'égal accès de tous aux droits et mécanismes généraux qui construisent la cohésion sociale et nationale, qui vise à donner, notamment aux jeunes issus de l'immigration, les moyens de lutter individuellement, comme individus-citoyens, et non comme membres d'une communauté, d'une minorité ou d'une ethnie, contre les discriminations. Il s'agit d'une politique visant le rétablissement de l'égalité des chances.

Cette politique n'implique donc pas de reconnaissance de l'existence de communautés, de minorités, fussent-elles « visibles », au sein d'un peuple français composé de tous les citoyens sans distinction d'origine, de race ou de religion[1], la politique de lutte contre les discriminations étant même conçue pour prévenir l'apparition de revendications communautaristes.

Cette politique n'est pas dénuée d'ambiguïtés. En effet, la mise en œuvre des mesures gouvernementales visant à aller contre les discriminations que connaissent notamment les jeunes issus de l'immigration repose sur la reconnaissance de l'existence d'inégalités sociales fondées sur les attributions ethniques, raciales, en dépit de la nationalité française dont ils bénéficient.

C'est donc admettre que la société française s'est « ethnicisée », sans toutefois reconnaître l'existence de groupes ethniques, ni mettre en œuvre des mesures d'action positive

---

1. C'est le sens de la décision du Conseil constitutionnel en date du 9 mai 1991 relative au statut de la Corse condamnant le recours dans un projet de loi à l'expression de « peuple corse » en tant que « communauté historique et culturelle vivante ».

envers les membres des groupes ethniques et raciaux qui sont victimes de discriminations, comme le pratiquent un certain nombre de pays polyethniques. À la différence de la France, plusieurs États, tels la Suède, l'Angleterre, les Pays-Bas et surtout les États-Unis, pratiquent en effet une politique qui repose sur la prise en compte de l'existence de groupes ethniques ou raciaux.

Parmi les solutions envisagées, la discrimination positive a suscité de nombreux débats. Il s'agit d'un système qui permet de mettre en œuvre des politiques préférentielles visant spécifiquement tel ou tel groupe prédéfini en raison des discriminations dont il a été ou est victime, en accordant des droits dérogatoires au droit commun. En favorisant l'égalité entre les groupes, on rétablirait l'égalité des chances entre les individus.

Il s'agit d'accorder à certaines populations « cibles », qu'il faut donc au préalable définir sur le fondement de critères invariables (races, ethnies...), un traitement préférentiel, les politiques d'action positive ou de discrimination positive visant à rétablir une égalité des chances compromise par la persistance de pratiques « racistes » (ou sexistes lorsqu'il s'agit de favoriser l'égalité homme-femme).

L'exemple (ou le contre-exemple) américain de l'« *Affirmative Action* » est souvent évoqué : conçue d'abord comme une réparation de l'esclavage, cette politique est née de la prise de conscience que la seule proclamation de l'égalité des droits a échoué, notamment vis-à-vis des Noirs américains.

Un certain nombre de postes dans l'université, les entreprises, les administrations ont été réservés, tout comme une partie des marchés publics, par le biais de quotas, aux membres de groupes sociaux victimes de discriminations, comme les Afro-Américains, les *Native Americans*, les Hispaniques, les Asiatiques mais aussi les femmes. Depuis la conception de cette politique au cours des années 1960, un certain nombre d'États américains y ont renoncé (notamment la Californie, l'État de Washington, la Floride), compte tenu des protestations portant sur la rupture de l'égalité entre citoyens, la complexité du dispositif (le maniement de quotas n'est pas simple lorsque l'on peut appartenir à plusieurs groupes-cibles à la fois), mais également compte tenu du fait qu'elle ne s'imposerait plus puisqu'elle aurait réussi. De fait, en 1960, 13 % des Afro-Américains appartenaient aux classes moyennes, ils sont 66 % en 2000, sans que le rôle spécifique de l'*Affirmative Action* puisse néanmoins être isolé d'autres facteurs. Pour autant, la vocation transitoire de cette politique est sujette à interrogations : après la suppression de l'*Affirmative Action* dans les États américains évoqués, on a constaté une chute spectaculaire du nombre de Noirs et d'Hispaniques au sein de la population étudiante des meilleurs établissements universitaires.

En tout état de cause, comme l'affirme D. Schnapper, « il est également vrai que les dispositions liées à la politique d'*Affirmative Action* ont offert, à un moment donné de l'histoire des États-Unis, une chance pour accélérer la mobilité ascendante d'une partie de la population afro-américaine et débloquer une contradiction fondamentale de la démocratie américaine, qui pendant un siècle a brutalement refusé de faire leur juste place à certains groupes "ethniques" ou "raciaux"[1] ».

En France, la discrimination positive s'inscrit dans un débat qui traverse même l'Exécutif : le président de la République, Jacques Chirac, s'est exprimé à diverses reprises contre ces mesures, alors qu'elles sont chaudement défendues par son ministre de l'Intérieur Nicolas Sarkozy, lequel a même présenté la nomination d'un « préfet musulman » comme s'inscrivant dans une démarche de discrimination positive. Ce débat porte tout à la fois sur l'efficacité de la discrimination positive, sur les dangers réels ou supposés qu'elle emporterait, et sur sa compatibilité avec le modèle républicain.

À l'efficacité prêtée à la démarche, sur la base des exemples américain ou canadien, d'autres opposent :

– sa complexité : la mobilité et les échanges entre groupes peuvent amener à se réclamer de plusieurs groupes, successivement ou simultanément ;

– son incapacité à toucher la cible principale : la discrimination positive bénéficierait surtout aux fractions les moins désavantagées des populations-cibles, celles qui savent comment saisir le mieux les opportunités qui leur sont offertes ;

– sa capacité à créer un phénomène de stigmatisation supplémentaire à l'égard des bénéficiaires de ces programmes en accréditant l'idée que sans ces programmes ces individus n'auraient pas les qualifications pour accéder à ces postes ;

---

1. *Qu'est-ce que la citoyenneté ?*, Gallimard, Paris, 2000.

– la dévalorisation des diplômes concernés est également régulièrement évoquée.

La démarche ne serait pas en outre dénuée de dangers potentiels de fragmentation sociale, dans la mesure où elle repose sur une forme d'arbitraire dans la définition des groupes-cibles (aujourd'hui les femmes et les minorités ethniques, demain les homosexuels, les gauchers, etc.), lesquels auraient tendance, une fois reconnus, à radicaliser leurs revendications.

Quant à son incompatibilité avec le modèle républicain, si personne ne semble en douter sur le plan théorique, on observe néanmoins que la République a déjà su s'accommoder de manière très pragmatique d'approches « ethniques » (dans le choix notamment des relais associatifs de certaines politiques publiques), de discriminations « territoriales » (comme en témoignent la politique de ZEP ou encore la politique de la Ville), et surtout de discriminations positives, à l'image de la loi de 1987 en faveur de l'emploi des travailleurs handicapés qui a défini une obligation légale assortie de quotas. La loi de 2000 sur la parité est un autre exemple de la capacité du modèle républicain à admettre certaines discriminations positives.

Conclusion

L'émergence de la question de la lutte contre les discriminations dans le débat et l'action publique constitue une réalité qui dépasse la seule question de l'intégration des immigrés ou des personnes issues de l'immigration. Aux côtés des débats sur les inégalités sociales et territoriales s'invitent désormais, régulièrement, les débats autour des inégalités réelles liées au genre, aux choix politiques ou syndicaux, au handicap, à l'appartenance à telle ou telle ethnie, à telle ou telle communauté ou à la pratique de telle ou telle religion.

Cela renouvelle singulièrement l'approche des enjeux liés à l'immigration et à l'intégration, celle-ci n'étant plus abordée seulement sous l'angle des déterminismes socioéconomiques et des incompatibilités culturelles réels ou supposés avec la société d'accueil. La préoccupation croissante au sujet des discriminations, légitime, a également permis la résurgence du débat sur l'opportunité de mettre en place un système de discrimination positive.

Le choix dépend du jugement que l'on porte sur la crise de l'intégration en France. Soit l'on considère que la France est ou est devenue une société de domination « blanche » aux tentations racistes, que l'intégration individuelle et le modèle de l'égalité des droits ne fonctionnent ou ne suffisent plus, que le modèle communautariste donne des résultats probants en dépit de ses dérapages potentiels ; dans ce cas, le système de la discrimination positive pourrait utilement être acclimaté en France. Soit l'on observe que la France a su, non sans difficultés mais néanmoins avec succès, intégrer des vagues successives d'immigrés, que cette intégration opère toujours, que la lutte contre les discriminations telle qu'elle est aujourd'hui conçue est encore une politique jeune à qui il faut donner une chance, que le modèle communautaire revêt de vrais dangers sans que son succès, dans un pays ayant la passion de l'égalité, soit garanti ; il faut accepter alors de ne pas jeter le bébé de l'intégration individuelle, républicaine, avec l'eau du bain des discriminations dont certains pâtissent réellement.

La politique de lutte contre les discriminations doit pouvoir bénéficier non seulement des moyens adéquats mais également d'une véritable adhésion de tous, des institutions comme des Françaises et des Français, pour que le regard change réellement, ce à quoi devraient contribuer une reconnaissance de l'apport de l'immigration au développement économique, social et culturel de la France, ainsi que la réduction de la « fracture coloniale ».

« Néanmoins, la France, en tant que personne morale, a un honneur à sauver qui doit passer par une reconnaissance de ses oublis et manquements et rectifier le tir. Comment ? En changeant de regard sur nous. En portant sur nous un regard positif et tendre. Un regard positif et tendre. C'est tout. Vous verrez, la France, ce sera le paradis. »

(Ahmed Djouder, *Désintégration*, Stock, Paris, 2006)

Chronologie

1881-1882 : les lois Ferry instituent l'école publique, laïque, obligatoire et gratuite pour tous les enfants entre 6 et 13 ans.

1889 : la loi du 26 juin 1889 sur la nationalité dispose que seront français les jeunes étrangers nés en France et qui à l'époque de leur majorité sont domiciliés en France, à moins d'avoir décliné la nationalité française dans l'année précédant la majorité.

1933-1934 : diverses mesures restrictives à l'égard des immigrés sont prises (interdiction aux médecins étrangers d'exercer, interdiction aux Français naturalisés de s'inscrire au barreau pendant dix ans, mise en place d'une aide au rapatriement des ouvriers volontaires).

2 novembre 1945 : l'ordonnance sur l'entrée et le séjour des étrangers en France est votée. La création de l'ONI (Office national d'immigration) donne à l'État le monopole de l'introduction de la main-d'œuvre étrangère dans le pays.

5 juillet 1974 : le gouvernement français décide de suspendre l'immigration des travailleurs et des familles, sauf pour les ressortissants de la Communauté européenne.

1977 : une prime de retour de 10 000 francs (le « million Stoléru ») est mise en place pour aider au retour volontaire.

Septembre 1979 : premières émeutes urbaines, dans le quartier de la Grappinière, à Vaulx-en-Velin, dans la banlieue de Lyon. Les affrontements se multiplient, entre 1979 et 1980, à la cité Olivier-de-Serres, à Villeurbanne (Rhône).

10 janvier 1980 : promulgation de la loi Bonnet relative à la prévention de l'immigration clandestine et portant modification de l'ordonnance du 2 novembre 1945. Cette loi rend plus strictes les conditions d'entrée sur le territoire et fait de l'entrée ou du séjour irréguliers un motif d'expulsion.

10 mai 1980 : marche nationale à Paris, à l'appel d'une dizaine d'organisations de soutien aux travailleurs étrangers en France, du PS, du PSU, de la CFDT, de la LCR et de la Ligue des droits de l'homme pour protester contre le projet de loi Stoléru concernant le renouvellement des cartes de séjour et de travail, contre le projet d'Ornano codifiant l'accès aux foyers collectifs, et contre les limitations à l'inscription des étudiants étrangers dans les universités françaises.

7 juin 1980 : manifestations à Paris, Strasbourg, Bordeaux, Marseille contre la politique d'immigration du gouvernement jugée trop restrictive, à l'appel de soixante-dix associations antiracistes, religieuses et familiales, de la CGT, la CFDT, la FEN, le PCF et du PSU.

12 juillet 1981 : circulaire du ministre de l'Intérieur, Gaston Defferre, assouplissant les conditions de séjour des étrangers résidant en France.

Juillet 1981 : de violentes émeutes éclatent dans le département du Rhône, d'abord aux Minguettes, à Vénissieux, puis à Villeurbanne et à Vaulx-en-Velin. Les incidents se succèdent jusqu'en septembre.

11-18 août 1981 : circulaire interministérielle précisant les conditions de régularisation exceptionnelle instaurées en faveur des travailleurs clandestins et des autres immigrés en situation illégale. Il faut fournir la preuve de la présence en France depuis le 1er janvier 1981 et occuper un emploi stable.

27 octobre 1981 : la loi du 27 octobre 1981 abroge les dispositions de la loi Bonnet et introduit des garanties nouvelles pour les étrangers : seuls les étrangers adultes peuvent faire l'objet de mesures d'éloignement, encore que leur expulsion ne peut être prononcée que s'ils ont été condamnés à une peine au moins égale à un an de prison ferme. Les reconduites à la frontière des étrangers en situation irrégulière ne peuvent intervenir, quant à elles, qu'après l'intervention du juge judiciaire.

25 novembre 1981 : une circulaire du ministère du Travail supprime le dispositif d'aide au retour (prime de

10 000 F) des immigrés et de leurs familles dans leur pays d'origine.

17 juillet 1984 : la loi sur le titre unique de séjour et de travail, est votée à l'unanimité. Elle reconnaît le caractère durable de l'installation en France de la population immigrée et dissocie le droit au séjour d'avec l'occupation d'un emploi.

1984 : une Marche des jeunes issus de l'immigration, pour l'égalité et non pour le communautarisme, est organisée.

Septembre 1986 : la loi du 9 septembre 1986, relative aux conditions d'entrée et de séjour des étrangers en France rend aux préfets le droit de prononcer la reconduite à la frontière des étrangers en situation irrégulière (donc sans l'intervention du juge judiciaire) et rétablit le régime de l'expulsion tel qu'il existait antérieurement à la loi du 29 octobre 1981.

1989 : à Creil, affaires dites du « voile islamique ». Des jeunes filles viennent voilées au collège et sont exclues en application du règlement intérieur, implicitement fondé sur le principe de laïcité.

8 août 1989 : publication de la loi du 2 août 1989 relative aux conditions d'entrée et de séjour des étrangers en France, dite loi Joxe. Elle assure la protection contre l'expulsion des personnes ayant des attaches personnelles ou familiales en France et instaure un contrôle préalable sur les décisions préfectorales de refus de séjour, qui doivent être soumises à une commission du séjour composée de trois magistrats, ainsi qu'un recours juridictionnel suspensif contre les mesures de reconduite à la frontière.

27 novembre 1989 et 2 novembre 1992 : le Conseil d'État privilégie dans ses avis une solution au cas par cas dans les affaires dites du « voile islamique ».

Décembre 1989 : le Haut Conseil à l'intégration (HCI) est créé.

1990-2000 : la décennie est émaillée d'affrontements et d'émeutes, en grande majorité consécutifs aux décès de jeunes issus de l'immigration dans le cadre d'opérations de police. C'est le cas à Vaulx-en-Vélin en octobre 1990, à Sartrouville en mars 1991, à Mantes-la-Jolie en mai 1991, à Melun en novembre 1993, à Garges-lès-Gonesse et à Avignon en mars 1994, à Noisy-le-Grand en juin 1995, à Nanterre en septembre 1995, à Laval en novembre 1995, à Dammarie-les-Lys en décembre 1997, à Toulouse en décembre 1998.

Décembre 1990 : lors des assises de Banlieue 89, à Bron (Rhône), François Mitterrand promet de « changer la ville en cinq ans » et annonce la création du premier ministère de la Ville.

Juillet-août 1993 : publication de la loi du 22 juillet, dite loi Méhaignerie, réformant le droit de la nationalité, et des lois dites lois Pasqua, celle du 10 août 1993 facilitant les contrôles d'identité et celle du 24 août 1993 sur la réforme du droit d'asile.

16 mars 1998 : la loi sur la nationalité rétablit l'automaticité de l'acquisition de la nationalité à 18 ans pour les enfants nés en France de parents étrangers, si à cette date l'enfant réside en France et s'il a eu sa résidence habituelle en France pendant une période continue ou non d'au moins cinq ans depuis l'âge de 11 ans.

18 janvier 1999 : les commissions départementales d'accès à la citoyenneté (CODAC) sont créées par circulaire du ministre de l'Intérieur pour identifier les cas de discrimination dans les domaines de l'emploi, du logement, de l'accès aux services publics et des loisirs et formuler des propositions de nature à favoriser l'intégration des jeunes issus de l'immigration.

2000-2004 : les échauffourées opposants jeunes des quartiers et forces de polices se multiplient et s'intensifient, comme en témoignent les émeutes à Grigny en septembre 2000, à Metz en juillet 2001, à Thonon-les-Bains en octobre 2001, à Strasbourg en octobre 2002, ou encore les incendies de 234 voitures dans différentes villes de France, au cours de la Saint-Sylvestre en 2003.

Novembre 2001 : Adoption de la loi relative à la lutte contre les discriminations. Le FAS devient le FASILD (Fonds d'action et de soutien pour l'intégration et la lutte contre les discriminations).

Février 2003 : du 1er février au 8 mars 2003, la Marche des femmes contre les ghettos et pour l'égalité sillonne 23 villes de France, et s'achève à Paris par une manifestation regroupant 30 000 personnes. Elle fait suite à la mort de Sohane, une jeune fille brûlée vive dans un local à poubelles de la cité Balzac à Vitry-sur-Seine.

10 avril 2003 : le Comité interministériel à l'intégration (CII), présidé par le Premier ministre, décide 55 mesures pour l'intégration et la lutte contre les discriminations.

26 novembre 2003 : la loi relative à la maîtrise de l'immigration, au séjour des étrangers en France et à la nationalité met en place un entretien individuel que les candidats à la naturalisation devront passer afin de justifier de leur connaissance des droits et des devoirs des citoyens français et d'une connaissance suffisante de la langue française.

17 mars 2004 : publication de la loi du 15 mars 2004 encadrant, en application du principe de laïcité, le port de signes ou de tenues manifestant une appartenance religieuse dans les écoles, collèges et lycées publics.

31 décembre 2004 : la loi du 30 décembre 2004 portant création de la Haute Autorité de lutte contre les discriminations et pour l'égalité est publiée.

19 janvier 2005 : publication de la loi de programmation pour la cohésion sociale du 18 janvier 2005, qui, notamment, crée l'Agence nationale de l'accueil des étrangers et des migrations (ANAEM) et donne une base légale au contrat d'accueil et d'intégration (CAI).

Juin 2005 : après la mort d'un adolescent à la cité des 4 000, à La Courneuve (Seine-Saint-Denis), tué par deux balles perdues lors d'une rixe entre bandes rivales, le ministre de l'Intérieur, M. Nicolas Sarkozy, promet de « nettoyer [le quartier] au Kärcher ».

Novembre 2005 : aggravation des violences à Clichy-sous-Bois. Les incendies de voitures et les affrontements avec les forces de l'ordre se propagent progressivement en Seine-Saint-Denis et à plusieurs villes de France. Le 8, le gouvernement proclame l'état d'urgence, qui restera en vigueur jusqu'en janvier 2006. Le calme revient à la mi-novembre.

Décembre 2005 : le bilan des émeutes s'établit ainsi : cinq policiers ont été mis en examen pour avoir molesté un jeune homme à La Courneuve ; 4 770 personnes ont été interpellées, 4 402 placées en garde à vue et 763 écrouées – dont plus d'une centaine de mineurs ; 422 majeurs ont été condamnés en comparution immédiate.

31 mars 2006 : la loi pour l'égalité des chances du 31 mars 2006 renforce les compétences du Conseil supérieur de l'audiovisuel en faveur de la promotion de la diversité dans l'audiovisuel, et crée l'Agence nationale pour la cohésion sociale et l'égalité des chances, laquelle reprend les missions du FASILD.

24 juillet 2006 : la loi relative à l'immigration et à l'intégration du 24 juillet 2006 met en œuvre la politique d'« immigration choisie », en durcissant les conditions de régularisations et d'accueil de l'immigration familiale, en réformant la procédure d'éloignement des étrangers en situation irrégulière et le droit d'asile, tout en relançant l'immigration de travail.

Bibliographie

QUELQUES OUVRAGES

Y. Lequin (dir.), *La Mosaïque France. Histoire des étrangers et de l'immigration en France*, Larousse, Paris, 1988.

G. Noiriel, *Le Creuset français. Histoire de l'immigration XIXe-XXe siècle*, Seuil, Paris, 1988.

D. Schnapper, *La France de l'intégration – Sociologie de la nation en 1990*, Gallimard, Paris, 1991.

P. Weil, *La France et ses étrangers*, Calmann-Lévy, Paris, 1991.

A. Sayad, *L'Immigration ou les Paradoxes de l'altérité*, éditions De Boeck, Bruxelles, 1991.

D. Schnapper, *La Communauté des citoyens. Sur l'idée moderne de nation*, coll. « NRF », Gallimard, 1994.

D. Schnapper, *Qu'est-ce que la citoyenneté ?*, coll. « Folio », Gallimard, Paris, 2000.

M.-Cl. Blanc-Chaléard, *Histoire de l'immigration*, coll. « Repères », éditions La Découverte, 2001.

E. Maurin, *Le Ghetto français. Enquête sur le séparatisme social*, coll. « La République des idées », Seuil, Paris, 2004.

M. Pottier et J. Viard, *Dialogue sur nos origines. Des champs, des provinces et d'ailleurs*, Éditions de l'Aube, Paris, 2005.

Les Immigrés en France, INSEE, édition 2005, Paris, 2005.

P. Weil, *La République et sa diversité. Immigration, intégration, discriminations*, coll. « La République des idées », Seuil, Paris, 2005.

La Fracture coloniale. La société française au prisme de l'héritage colonial, Éditions La Découverte, Paris, 2006.

QUELQUES ARTICLES

G. Noiriel, « La République et ses immigrés. Petite histoire de l'intégration à la française », in *Le Monde diplomatique*, janvier 2002.

« La société française : un état de la recherche. Immigration et société multiculturelle », in *Comprendre la société*, Cahiers français, n° 326, mai-juin 2005.

« Le modèle français face aux mutations économiques et sociales. La crise du modèle français d'intégration », in *Le Modèle social français*, Cahiers français, n° 330, janvier-février 2006.

D. Schnapper, R. Castel, M. Gurgand, E. Maurin, S. Béaud et O. Masclet, « Penser la crise des banlieues. Éducation, intégration, inégalités », Dossier, Annales de l'EHESS, n° 4, juillet-août 2006.

O. Pironet, « Banlieues : chronologie 1973-2006, Manière de Voir », in *Le Monde diplomatique*, octobre 2006.

D. Meurs, A. Pailhé et P. Simon, « Mobilité intergénérationnelle et persistance des inégalités. L'accès à l'emploi des immigrés et de leurs descendants en France », INED, Document de travail, 2006.

QUELQUES RAPPORTS PUBLICS

Conseil économique et social, *Les Défis de l'immigration future*, 2003.

A. Begag, *La République à ciel ouvert, Rapport pour Monsieur le ministre de l'Intérieur, de la sécurité et des libertés fondamentales*, novembre 2004.

Cour des Comptes, *L'Accueil des immigrants et l'intégration des populations issues de l'immigration*. Rapport au président de la République, novembre 2004.

Rapport du Haut Conseil à l'intégration 2002-2005 remis au Premier ministre le 24 novembre 2005.

Observatoire national des zones urbaines sensibles, Rapport 2005.

HALDE, Rapport annuel 2005.

QUELQUES CONTRIBUTIONS DIVERSES

Y. Sabeg et L. Méhaignerie, *Les Oubliés de l'égalité des chances*, Institut Montaigne, Paris, 2004.

L. Blivet, *Ni Quota, ni indifférence. L'entreprise et l'égalité positive*, Institut Montaigne, Paris, 2004.